AF617521

Sobre la Historia y la Guerra en Ucrania

Aitor Yraola

Primera edición: marzo, 2024

Rapitbook Editorial
07009 Palma de Mallorca
www.rapitbook.com

ISBN: 978-84-128217-1-0
Autor: Aitor Yraola
Edición: Andrés Cárdenas

Impresión y encuadernación: Impresrapit
www.impresrapit.com

Impreso en España - *Printed in Spain*

Este libro está dedicado a
Javier Donézar y Diaz de Ulzurrun, in memoriam.

'Ahora que el estado de naturaleza ha sido abolido entre nosotros, ya no existe la guerra entre particulares, y si un hombre mata a otro por su cuenta, aunque haya recibido una injuria de este otro, se le considera no un enemigo, sino un delincuente. Esto es tan cierto que un súbdito que interprete al pie de la letra una declaración de guerra y quiera atacar al enemigo de su príncipe, sin patente ni cartas de marca, será, o debería ser, castigado'.

J.J. Rousseau. *Escritos sobre la paz y la guerra*, p. 66.

'Los países se convierten en Estados fracasados no por su situación geográfica ni su cultura, sino por el legado de las instituciones extractivas, que concentran el poder y la riqueza en aquellos que controlan el Estado, lo que abre el camino a los disturbios, las contiendas y la guerra civil. En todos ellos, la base de estas instituciones es una élite que diseña instituciones económicas para enriquecerse y perpetuar su poder a costa de la vasta mayoría de las personas de la sociedad. A medida que este círculo vicioso se ha desarrollado en distintas partes del mundo durante los últimos doscientos cincuenta años, apareció la desigualdad mundial, que todavía perdura. La solución al fracaso político y económico de los países es transformar sus instituciones extractivas en inclusivas'.

Daron Acemoglu / James A. Robinson.
Por qué fracasan los países, 2012, p. 465.

'En las semanas que pasé en la Guerra civil española en ningún momento vi a nadie *expresar*, ni siquiera en la intimidad, la repulsión, el desagrado, ni la desaprobación por la sangre vertida inútilmente. Y quizás lo que más me heló la sangre fue respirar esa especie de embriaguez en la que caen los humanos cuando entienden que pueden matar sin castigo ni culpa. La guerra solamente sirve para romper corazones'

Simone Weil. *Escritos sobre la guerra*, p. 34.

Índice

Prólogo

Mi amigo y compañero José Jayme Bravo (hoy Teniente Coronel jubilado) se puso en contacto conmigo para que hablara con el Dr. Aitor Yraola. José Jayme es una de esas personas a las que por su naturalidad tengo aprecio desde que nos conocimos cuando éramos capitanes y profesores en la Escuela Militar de Montaña y Operaciones Especiales de Jaca. José Jayme en el Curso de Montaña, y yo en Operaciones Especiales. La vida nos ha llevado por caminos distintos pero, en nuestro caso, a pesar del tiempo y la distancia se ha mantenido el aprecio y por eso atendí su llamada con gusto.

Tras algunos intentos fallidos por viajes míos, conocí al Dr. Yraola en enero de 2024. Me pareció una persona interesante por su trayectoria de vida, por el hecho de haber vivido y trabajado en varios países dedicado a la docencia universitaria, y también por su gran afición a la lectura que le ha proporcionado una visión amplia de los temas que se tratan en el presente libro. Creo que hay que viajar para admirar la Naturaleza, aprender de otras gentes, y apreciar lo que tenemos, y ver lo que nos falta.

La lectura más allá de los titulares de los periódicos es imprescindible. El conocimiento de la Historia así como acumular experiencias y el estudio, nos han conducido a los grandes descubrimientos de las ciencias como las; especialidades médicas, las ingenierías, las transmisiones, la agricultura, pesca y la ciencia militar.

En Historia, Ciencia Política o Ciencias Humanas quizá se ha estudiado poco el *cortoplacismo* y la vulnerabilidad de sentimientos humanos como; la soberbia, envidia, avaricia y la mentira, que junto con la ignorancia, deterioran la causa de la paz, renuevan el sufrimiento y causan un retroceso social. En mi caso, las lecturas han ido enfocadas a la Historia y a mi profesión militar, y libros como: *Tres cánticos fúnebres por Kosovo* de Ismael Kadaré o *El honor del Guerrero* de Michael Ignatieff me parecieron en su momento interesantes. Desde mi salida del Ejército en activo, he tenido la oportunidad de escribir más de 150 artículos sobre temas militares y políticos enlazados estrechamente con la Historia.

La Guerra en Ucrania llamó poderosamente mi atención y en el 2018 escribí tres artículos sobre el Estrecho de Kerch. Posteriormente, cuando se produjo la invasión definitiva en 2022, me afectaron hasta la indignación las justificaciones de que Ucrania no era un país de la OTAN cuando se había bombardeado Serbia durante 78 días sin una agresión contra la Alianza. Por otra parte, la agresión absolutamente criminal de un tirano contra el pueblo ucraniano me resultó dolorosamente injusta, una guerra de un dictador para robar la libertad y los recursos de un país entero. Entonces escribí otros artículos (algunos incluidos parcialmente en el presente libro), y también me llamaron de varias cadenas de televisión para que formulara mi opinión.

En el encuentro con el Dr. Yraola en Madrid me entregó varios libros sobre la guerra, uno de ellos titulado*: En la tribu de los Speki. Un ensayo sobre la Intolerancia,* del que es autor, obra admirable de un luchador tenaz en la defensa de principios éticos, ciertamente uno debe oponerse a la Intolerancia.

Considero este libro sobre el jinete apocalíptico de la guerra una valiosa aportación multidisciplinar, inseparable de las tragedias en la Historia, sobre un país que padece la agresión de un nuevo zar ruso que, como demiurgo maléfico, amenaza la paz y la seguridad mundiales.

Vicente Díaz de Villegas y Herrería
Soldado de España

Introducción

Javier Donézar ha sido un historiador apasionado, un hombre a quien nada humano le era ajeno además de un gran amigo con una curiosidad insaciable. A él va dedicado este libro, *in memoriam.*

Sobre la Historia reciente, Otto Skorzeny fue un nazi afortunado que se salvó de una condena segura, -por mediación de la CIA necesitada de sus contactos- y la protección interesada del Gobierno de Franco cuando fijó su residencia permanente en España. De los conflictos bélicos del siglo XX, Norman Bethune, un médico canadiense voluntario en la Guerra civil española, describe en febrero de 1937, el horror del bombardeo por la aviación fascista contra la población civil indefensa en Almería.

Sobre la guerra en Ucrania, el General de División retirado Vicente Díaz de Villegas y Herrería, realiza un exhaustivo análisis de los antecedentes, situación y perspectivas de la invasión desde un punto de vista de la Ciencia Militar, con su probada experiencia al mando de misiones de la OTAN en; Bosnia, Kosovo y el Congo.

Julian Casanova señala los lugares de terror en las contiendas ocasionados por múltiples factores. Enrique Bonete estudia la guerra desde la ética como una manifestación de la maldad humana. El historiador militar irlandés John Keegan considera que la guerra se ha convertido en un hábito malvado en la especie humana que debe ser erradicado por nuestra propia supervivencia.Winston Churchill urgía a los ingleses con vehemencia, -en su famoso discurso- a no rendirse jamás ante la maldad de los nazis. El filósofo Howard Zinn defiende la abolición de la guerra que considera el peor enemigo de la raza humana. Xavier Nuñez explora los orígenes y desvela las contradicciones de los nacionalismos identitarios ruso-ucranianos que explicarían en parte el estallido de la guerra.

El ex ministro y escritor, César Molina, califica al monstruo Putin como un demiurgo del terror que actúa por encima de la ley y el mal. Por su parte, el escritor Manuel Vilas considera la Historia un ejercicio de sangre y fuego, y define a Putin como un ser desgraciado, una amenaza para las democracias que será barrido por el curso de la Historia. La escritora exiliada turca Elif Shafak muestra el autoritarismo ruso como una mezcla de paranoia y nostalgia imperial. El historiador de Rusia Orlando Figes afirma que el vasto país quiere cortar nexos con Occidente por el revanchismo de un dictador de corte asiático que pretende reescribir la Historia a su manera. El escritor colombiano Gabriel Vásques reúne toda la sarta de mentiras propagandísticas, envueltas en victimismo, y un resentimiento propio de todo dictador. Gabriel Tortella recuerda el coraje de Winston Churchill para enfrentarse a los falsos apaciguamientos de los líderes políticos condescendientes con los nacionalismos imperialistas, dictatoriales y agresivos. La investigadora Mira Milosevich repasa el *status quo* de la guerra en Ucrania resaltando el papel disuasorio que mantiene la OTAN.

La jurista Araceli Mangas examina, en sus tres artículos, y desde el Derecho Internacional, todas las violaciones legales que ha cometido el nuevo dictador oriental en nombre del supremacismo nacionalista ruso. El astrónomo Rafael Bachiller aclara las terribles consecuencias para la humanidad de una posible guerra nuclear que airea Putin. El conocido historiador Timothy Garton urge a los europeos a mostrar la misma valentía que los ucranianos para defender la paz en Europa. María Pevchij, la productora, activista y colaboradora del opositor a Putin en el exilio Alexei Navalny, vaticina un final súbito del dictador.

Una perspectiva esclarecedora sobre la guerra es la del arqueólogo Alfredo González Ruibal quien sostiene que; la violencia y brutalidad extremas en la Historia, aunque ha sido corriente, no es la norma de los humanos (si así fuera no estaríamos aquí), y afirma que la guerra sin límites no es lo habitual, sino que aparece en contextos de; expansión territorial o durante el colapso de un sistema político, y es primordialmente una actividad masculina destructora del paisaje como estamos viendo en el horror de la devastación de las ciudades ucranianas y en Gaza.

El politólogo José Faraldo define el nacionalismo ruso como; un sentimiento nacional, temeroso del extraño, reaccionario, expansivo e imperial. El filósofo Isaiah Berlin explica la evolución del sentimiento nacionalista desde sus orígenes hasta la degeneración que atraviesa en la actualidad, abrigando cierta esperanza de que surja un nacionalismo saludable en las sociedades. El escritor chino exiliado Ma Jian, sueña en que el pueblo chino pueda liberarse de un PCCh que ha encarcelado las mentes y maltratado los cuerpos de los ciudadanos durante setenta años.

Finalmente, el presidente Abraham Lincoln reflexionaba, conmocionado sobre la barbarie de la Guerra civil norteamericana, intentando buscar explicaciones divinas y humanas en una espiral de justificaciones que parecen continuar irremediablemente en el presente.

Aitor Yraola
Presidente
Académicos sin Fronteras

In memoriam, Javier Donézar Díez de Ulzurrun

Javier María Donézar Díez de Ulzurrun, catedrático de Historia Contemporánea de la Universidad Autónoma de Madrid, falleció en Toledo el 30 de abril de 2016, a los 72 años de edad. Esposo de la historiadora Laura Santolaya Heredero, -también historiadora- profesora de la UNED y autora de varios trabajos sobre Toledo. Javier Donézar fue también catedrático de la Universidad de Castilla-La Mancha, profesor en el Centro Universitario de Toledo y en el Centro de Estudios Internacionales de la Fundación Ortega y Gasset. Especialista en las transformaciones en España durante la crisis del Antiguo Régimen, autor de varios trabajos de interés relacionados con Toledo como; *Riqueza y propiedad en la Castilla del Antiguo Régimen (La provincia de Toledo del siglo XVIII)* y *Toledo, 1751*, un análisis de la ciudad a la luz de los datos del Catastro de Ensenada, publicado por el Centro de Gestión Catastral y Cooperación Tributaria en 1990. Javier Donézar Díez de Ulzurrun era miembro correspondiente de la Real Academia de Bellas Artes y Ciencias Históricas de Toledo.

El poder de la Historia por Miguel Artola

Mi relación con Javier Donézar no responde al modelo habitual de la relación maestro y discípulo. Fui su profesor en los años sesenta en Salamanca, donde cursó las dos asignaturas de Historia de los estudios comunes de Filosofía y Letras. Después de este primer encuentro, cada uno siguió su camino. Javier se licenció y doctoró en la Universidad Complutense (1972) y yo me trasladé a la Universidad Autónoma de Madrid. Su tesis sobre *La desamortización de Mendizábal en Navarra*, tema preferente en aquellos años, tuvo una segunda edición al cabo de tres lustros. Javier Donézar conservó sus vínculos con la Universidad Complutense e inició su carrera profesional como docente. Se incorporó a la UAM como profesor adjunto, en cuyo Departamento de Historia Moderna y Contemporánea nos encontramos, y convertimos la relación discipular en amistad. En 1987 obtuvo la cátedra de Historia Contemporánea y más tarde llegaría a ser director del Departamento.

De Salamanca yo había traído un proyecto de investigación basado en el Catastro de Ensenada. Durante sus estudios de licenciatura, los alumnos realizaban investigaciones que se publicaban como obra colectiva. El Catastro era la base de la fiscalidad directa en algunos reinos de Italia. El marqués de Ensenada realizó el de la Corona de Castilla. La información se había recogido a dos niveles, las respuestas generales de las provincias ofrecían resultados de conjunto y las particulares comenzaban con una declaración personal del patrimonio que los oficiales del Catastro verificaban en presencia del propietario o de su administrador. El resultado final de las ciudades; pueblos, partidos y provincias, proporcionaba una información completa del patrimonio y rentas en España, así esta investigación se convirtió en una fuente histórica. Javier se sumó a este estudio, utilizó las respuestas particulares y las aplicó a una provincia. La profusión de los datos sobre; propietarios y patrimonio no fue obstáculo para que Javier Donézar ofreciera una imagen detallada de la distribución de la tierra y el reparto de las rentas en ese siglo, -y particularmente en Toledo- en 1751.

A Javier Donézar le llegaron pronto invitaciones para escribir estudios generales sobre temas como; *El Mundo contemporáneo*, *las Revoluciones liberales*, el *Senado en la Historia,* y fue también codirector de los once volúmenes de las *Bases documentales de la España Contemporánea* y ha sido una autoridad indiscutible en el estudio del Catastro en España.

Javier Donézar, un humanista renacentista en el mundo actual por Ana Fernández Vega, Directora del Departamento de Prehistoria de la UNED

Siempre es difícil escribir sobre una persona que es querida sin caer en la adulación excesiva con un cariño que convierte todas las cualidades del homenajeado en inmejorables, y todos los defectos en inexistentes. Más difícil aún es intentar ser objetivo, –cuando no se puede serlo- cayendo justo en lo contrario para no pecar de amiguismo. No he querido entrar en una exposición del *cursus honorum* del profesor Donézar sino que haré una reseña de Javier como la persona con la que he compartido tan buenos momentos, como profesor y amigo. Javier Donézar siempre consiguió transmitir a sus estudiantes un profundo conocimiento y pasión por la Historia, esa capacidad de enseñar con sabiduría para llegar incluso hasta aquellos desinteresados en adquirirla. Javier no pretendía solamente transmitir información sino despertar interés por saber más, por ir un poco más lejos cada día en el descubrimiento de los hechos pasados que han repercutido en nuestro presente. No fue su erudición sobre Historia lo que despertó mi cariño sino esa cualidad que mostraba como un hombre renacentista con una curiosidad infinita. Javier representaba la calma en un mundo de tempestades y prisas, la serenidad frente a la crispación, el tratar siempre de ponerse en lugar del otro frente a la incomprensión, el pensar en lo mejor. Su persona siempre desprendía armonía y calidez humana, basada en su fortaleza interior, que expresaba con la sensibilidad espontánea de aquellos que están en paz consigo mismos y con el mundo que les rodea, aunque éste les depare decepciones. Javier se paseaba por el mundo ligero de equipaje con la certeza de que todo tiene su momento, que el tiempo acostumbra a colocar a cada uno en su sitio navegando siempre con calma, aún en las aguas más revueltas.

Homo doctus in se beatitudinem habet por Antonio Cascón Dorado, Decano de la Facultad de Filosofía y Letras, UAM

A Javier Donézar lo conocí hace unos treinta años. Fui a pedirle el horario de la asignatura de Latín que yo impartía en la licenciatura de Historia. En aquellos tiempos se ocupaba de tareas administrativas, yo era un profesor ayudante y él era uno de esos hombres de prestigio que le escuchaba a uno con admiración y respeto, seguramente por el latín, porque los profesores de latín siempre despertamos una cierta conmiseración, sobre todo si nuestro interlocutor ha tenido que bregar con las dificultades de aprender la lengua de Cicerón. Fue Maite la primera persona que me habló de realizarle un homenaje. Vino al decanato con Esperanza Franx para hablar de su; dedicación al Departamento, -que dirigió en dos períodos- de sus investigaciones sobre la Desamortización de Mendizábal, y sobre la Burguesía liberal, también de su extraordinaria dedicación docente habiendo enseñado la mayor parte de las asignaturas y evitando siempre conflictos. Me han hablado tanto de este *buen hombre*, de este profesor navarro, que por eso le dedico este modesto homenaje escrito.

Desde la lejanía aún próxima, la universidad y Javier Donézar por Pedro Martínez Montalvez, profesor emérito y ex rector de la UAM.

Cuarenta y cinco años de ininterrumpida y plena actividad académica me respaldan para afirmar que la universidad española no es un espacio abierto que impulse la comunicación con autenticidad, no solo en conocimientos, experiencias, planes y programas. Tampoco en la universidad se propicia realmente la transversalidad, ya que solemos estar encastillados en nuestros departamentos y especialidades, donde escasean los ámbitos que podrían servir de lugares comunes. En la universidad predominan por el contrario los; pasillos, las galerías, los corredores, los compartimentos que no sirven como marcos apropiados para el encuentro o el intercambio. Si se producen es porque se buscan intencionadamente, con un fin determinado, pero no porque surjan por azar. Siempre he tenido la idea de que las materias; lingüísticas, literarias y sociales han de ir de la mano para evitar desconocimientos recíprocos. Empecé a pensar de esta manera en mi época de estudiante, –años cincuenta del siglo pasado- cuando me licencié en dos especialidades: Semíticas e Historia

Javier Donézar ha sido una de esas personas que supo lo que significa la convivencia y la ha llevado a la práctica. Los profesores con semejante talante no abundan, su personalidad afable, fácilmente accesible pero también firme, ética y tolerante escasean en la universidad. Javier ha sido siempre un excelente conversador, ha empleado el lenguaje con una precisión admirable y sin el menor asomo de pedantería, con una sencillez y acierto que asombran. Ha mostrado siempre una notable carga de ironía que le ha permitido mostrar una sutileza tanto personal como brillante. Los historiadores como Javier Donézar tienen el privilegio de poder hablar con sabiduría desde la atalaya del tiempo.

Certificado de idoneidad

Javier Donézar Díez de Ulzurrun, Catedrático de Historia Contemporánea en la Facultad de Filosofía y Letras de la Universidad Autónoma de Madrid, como Director de la Tesis Doctoral de D. Aitor Yraola titulada: 'La repercusión de la Guerra Civil en Islandia, 1936-1939',

Hago constar; Que, habiendo sido presentada en los plazos previstos por la Ley universitaria vigente, fue aceptada para su defensa en acto público, en primera instancia, por la Comisión de Doctorado del Departamento de Historia Contemporánea de dicha Facultad y posteriormente y con el debido informe, como es preceptivo, por la Comisión General de Doctorado de la Universidad. Que el acto de defensa de dicha Tesis se celebró el día 28 de febrero de 1992 en el Salón de Grados de la Facultad de Filosofía y Letras y fue calificada de *Apto cum laude* (por unanimidad), que es la máxima distinción con opción a Premio Extraordinario.

La Comisión que otorgó dicha calificación estuvo compuesta por los catedráticos; D. José Carlos Mainer (Universidad de Zaragoza), D. José Sánchez Jiménez (Universidad Complutense de Madrid), D. José Antonio Fernández-Romero (Universidad de Vigo), D. Manuel Pérez Ledesma (Universidad Autónoma de Madrid) y Doña Marta Bizcarrondo Albea (Universidad Autónoma de Madrid).

Habiendo sido el Director de la Tesis obligado a especificar las aportaciones originales que contiene: 1) El trabajo previo de selección, lectura y reflexión de la bibliografía existente, tanto general como específica de la Guerra Civil española, es ya de por sí un trabajo original de ensayismo bibliográfico, máxime cuando tal estudio preliminar ha sido destinado, entre otras cosas, a aportar a la historiografía sobre el tema un tratamiento teórico del concepto de internacionalización de la contienda, a partir de la división metodológica establecida en la tesis de Patricia Van Der Esch en 1951. Esta aportación conceptual fue posible gracias a la consulta por parte del Doctor de los fondos sobre la Guerra Civil en la Ohio State University de EE.UU. 2) El enfoque metodológico interdisciplinar que se aporta, solamente posible dada la relativa limitación de fuentes en lo que a Islandia se refiere, hace que esta Tesis ofrezca una reconstrucción histórica que se adscribe plenamente a la metodología más exigente partidaria de una *total history*, de la cual son sus exponentes más relevantes R.G. Collingwood (1951) o M. Standford (1986), seguidores ambos de una reconstrucción histórica global que el doctor trata con maestría; el marco conceptual sobre la internacionalización del conflicto, el contexto nórdico en el que se desarrollan paralelamente los acontecimientos islandeses, y la reconstrucción múltiple que gira alrededor; económica, política, literaria, periodística y hasta biográfica. 3) El Doctor Yraola, en su tratamiento histórico de la repercusión de la Guerra Civil española en los países nórdicos, realiza el primer estudio existente de la repercusión del conflicto en un país escandinavo. El hecho de que la lengua islandesa sea uno de los idiomas europeos más difíciles no ha sido un obstáculo para el Doctor, dado que reside en Islandia desde hace catorce años y lo conoce perfectamente. Por otra parte, el tratamiento de la fuentes no se reduce a este país sino que se amplia a otros. Tal asunto, por su amplitud y complejidad tanto histórica como lingüística no había sido abordado hasta esta Tesis ni por historiadores españoles ni escandinavos. 4) Por fin, y a modo de resumen histórico, debo indicar que la Guerra Civil no resultó algo específicamente interno de España sino que tuvo unas repercusiones europeas de notable alcance y que se pondrían de relieve en septiembre de 1939, en el inicio de la II Guerra Mundial. Cierto es que debido a que la repercusión de la Guerra civil española ha sido solamente estudiada por aquellos países que se implicaron en la contienda (Alemania, Italia, URSS) los países escandinavos hasta ahora habían quedado al margen de los estudios especializados. Sin embargo, la Guerra española, que sirvió de campo de pruebas militares e ideológicas para la II Guerra Mundial, no resultó ser un episodio aislado de los acontecimientos históricos islandeses, –tal como se muestra en la Tesis- sino que, por el contrario, fue un evento que, a pesar de las comprensibles tergiversaciones históricas, acabó repercutiendo en la conciencia de los ciudadanos a través de las noticias de la prensa diaria. Tanto en el Parlamento de Islandia como en los militantes de todos los partidos políticos y coaliciones sindicales islandesas resonó el eco de una contienda que afectó claramente al pueblo islandés, y ello en un momento en que se preparaba para lograr su definitiva libertad como Estado-Nación.

Paralelamente a estas repercusiones señaladas debo poner en evidencia que se produjo una recepción literaria limitada; la obra fantástica de un cocinero oficionado a las letras, los fragmentos dispersos de escritores radicales, o las manifestaciones poéticas inspiradas en la que se llamó la Guerra de España por parte de los escritores Steinn Steinarr y Jóhannes úr Kotlum. Tal vez fue la intervención de los voluntarios islandeses en las Brigadas Internacionales uno de los aspectos culminantes de la repercusión del conflicto en Islandia. Tres brigadistas, espoleados por el Partido Comunista islandés, tomaron la decisión de ir a luchar a las tierras de España: Hallgrímur Hallgrímsson –sargento en el II Batallón Thaelman, -XI Brigada de la 35 División Republicana- joven idealista que alcanzó los laureles de héroe, Bjorn Gudmundsson y Adalsteinn Thorsteinsson, cuya heroica gesta emuló la de cerca de 1600 brigadistas escandinavos que combatieron por la democracia de la República de España.

He señalado unos concretos aspectos para mostrar que el Dr. Yraola investigó algo no tratado por los historiadores españoles, alemanes, o anglosajones sobre la Guerra Civil. Su conocimiento de las lenguas nórdicas, en especial el islandés, hizo posible que la historiografía general sobre el conflicto se haya visto ampliada al entrar en liza nuevos países que, aparentemente, habían permanecido estáticos ante el conflicto. La búsqueda de perdidas fuentes y su posterior ordenación resultaron modélicas para lograr el fin propuesto.

Por todo lo cual, y para que surtan los efectos convenientes al interesado, firmo este documento en Madrid a dieciocho de julio de 1995.

Fdo. Javier M. Donézar de Ulzurrun

PRIMER ANIVERSARIO

ROGAD A DIOS POR EL ALMA DEL SEÑOR

D. JAVIER MARÍA DONÉZAR DÍEZ DE ULZURRUN

CATEDRÁTICO DE LA UNIVERSIDAD AUTÓNOMA DE MADRID

Falleció en Toledo, el día 30 de abril de 2016, a los 72 años de edad, habiendo recibido los Santos Sacramentos y la Bendición Apostólica de Su Santidad

R.I.P.

Su apenada esposa, doña Laura Santolaya Heredero; hermanos, doña Camino, doña Sagrario, don Miguel (†), don Ignacio (†), doña Mariló, doña María del Rosario, don Eduardo, don Rafael y doña Myriam; hermanos políticos, sobrinos y demás familia ruegan una oración por su alma.

La misa de primer aniversario se celebrará el día 4 de mayo de 2017, jueves, a las seis y media de la tarde, en la capilla del Santísimo de la Iglesia Parroquial de San Francisco de Borja (PP. Jesuitas), calle Maldonado 3, de Madrid.

Sobre la Historia

Otto Skorzeny el nazi de las mil caras que vivió peligrosamente

> 'War, I decided, creates, insidiously, a common morality for all sides. It poisons everyone who is engaged in it, howewer different they are in many ways, turns them into killers and torturers, as we are seeing now. It pretends to be concerned with toppling tyrants, and may in fact do so, but the people it kills are the victims of the tyrants. It appears to cleanse the world of evil, but that does not last, because its very nature spawns more evil. War, like violence in general, I concluded, is a drug. It gives a quick high, the thrill of victory, but wears off and then comes despair'.
>
> Howard Zinn. *On War*, 2006: 264

Otto en la Segunda Guerra mundial: el Imperio del Mal

Otto Johann Anton Skorzeny (1908-1975) alias *caracortada*, nació en Viena. Sus primeros recuerdos infantiles estuvieron ligados a las consecuencias de la I Guerra Mundial y las ayudas que recibió de la Cruz Roja Internacional. En el bachillerato se orientó por Ciencias y acabados los estudios en 1926 decidió ingresar en la Escuela Técnica de Viena donde eran frecuentes; los duelos a espada, el tiro a pistola, la navegación a vela, ir de caza y las marchas campo a través. En los años siguientes floreció en Austria un sentimiento pro-alemán que culminó hasta considerar el país parte de Alemania. Ingresó en una asociación de estudiantes que se regía por códigos militares, en 1931 obtuvo la licenciatura en Ingeniería y pronto encontró trabajo en una pequeña empresa como jefe comercial. El ambiente político era tenso, nadie podía negar para entonces que el Gobierno de Hitler fuera logrando grandes éxitos en Alemania yque luchaba además contra la crisis económica. En 1934 Otto visitó Roma donde pudo escuchar por primera vez a Benito Mussolini en la Plaza de Venecia aclamado por el griterío de cientos de voces. Al regresar a Viena el joven ingeniero ansiaba imponer ideas que consideraba revolucionarias. En los Juegos

Olímpicos de *Garmisch-Partenkirchen* de 1936 los austríacos fueron recibidos con grandes muestras de simpatía y allí Otto se convenció de que, 'la educación patriótica de la juventud no puede ser considerda secundaria si se desea alcanzar una unión completa entre pueblos'.

El 11 de marzo de 1936 por la tarde, una llamada de los dirigentes de las asociaciones estudiantiles pro alemanas convocó concentraciones en la ciudad vieja de Viena. La luz de las antorchas iluminaba las siluetas de unos hombres que desplegaban una bandera con la cruz gamada, fue entonces cuando su corazón vienés saltó de júbilo; en mitad de la plaza el nuevo canciller Seyss-Inquart saludaba con el brazo en alto entre las aclamaciones de la multitud. Y Otto narraba así la entrada del Partido Nazi en Viena:

> 'Desde la *Mariahilferstrasse* presencié la entrada de las tropas alemanas. La anchurosa calle se había convertido en un mar viviente. Todas las floristerías habían agotado sus existencias. Me sentía tan feliz como mis conciudadanos, chillaba desaforadamente igual que ellos. Y recibí a los alemanes como a mis hermanos de sangre, de los que nos habían separado cuestiones políticas'.

Los obispos, con el cardenal Innitzer a la cabeza, bendijeron la política social del Reich alemán exhortando a los fieles a aceptarla sin recelos. La voz de Adolf Hitler tronaba por los altavoces instalados en la Plaza de los Héroes que causó en los congregados un efecto inenarrable. Al cabo de poco tiempo Austria se vio invadida por una oleada de funcionarios del Partido Nazi. Como Otto no había cumplido el servicio militar se presentó como voluntario en la *Luftwaffe*. El 3 de setiembre de 1939, –dice en sus Memorias- Inglaterra y Francia declararon la guerra a Alemania (sin que Otto mencionara que fue debido a la invasión alemana de Polonia). Después de tres meses de adiestramiento básico y tras ser rechazado en Aviación por la edad, fue destinado como oficial-ingeniero en el batallón de reserva *SS Adolf Hitler* en Berlín (también llamado *Lichterfelde*) y luego de otras seis semanas de prácticas, trasladado al batallón Germania como suboficial especialista.

Su primera misión bélica fue conducir ochenta vehículos hasta Francia para dar apoyo a la artillería pesada en el frente. En el pueblo de Marmagne su División fue obsequiada con; sopa, pescado al horno y huevos revueltos. Cumplido su bautismo de fuego se trasladó a Holanda como fuerza de ocupación. En noviembre de 1940 le ascendieron a teniente, y en diciembre fue trasladado hacia el sur en la División *Das Reich* con destino Marsella donde le alojaron en casa de un médico. Su opinión sobre la invasión de Francia no le hacía dudar:

> '...también pude comprobar que los patriotas franceses, por muy acérrimos que fueran, se conformaban con pensar en la construcción de una base puramente europea que pudiera abrir las puertas a cualquier entendimiento'.

¿Era la expresión de una convicción profunda de las ideas supremacistas paneuropeas nazis? La siguiente campaña de la División que dirigía Otto fue invadir el sudeste de Rumanía cruzando una Hungría que vitoreaba por las calles a las tropas alemanas, y por el camino, veía grupos de prisioneros serbios que se acurrucaban en el suelo, según él, dando muestras de una 'pasividad oriental'. A mediados de 1941 la División fue destinada a Polonia para combatir posteriormente en el frente ruso. Su unidad tenía el objetivo de tomar la ciudad de Brest-Litowsk donde fueron asediados por ataques nocturnos de las tropas rusas y donde los muertos se amontonaban formando enormes pilas. Tras ocho meses de combates en el Este, acostumbrados a la mugre de las trincheras, la tristeza de los páramos y a la suciedad de los lodazales, los vehículos que Otto mandaba se encontraban en un estado lamentable. A ambos lados de las carreteras se cruzaban con filas interminables de prisioneros rusos que vestían uniformes deshilachados. A mediados de noviembre la temperatura descendió súbitamente a veinte grados bajo cero. El invierno había detenido la ofensiva alemana en Rusia y a primeros de diciembre le fue ordenada la retirada. Tres días y medio de marcha necesitó el tren para llegar hasta Smolensko.

En el otoño de 1942, después de combatir en el frente ruso, Otto estuvo destinado como oficial ingeniero en Berlín donde le comunicaron que su División SS iba a ser transformada en una División Panzer y el Alto Mando de la *Wehrmacht* le había elegido como Jefe de las SS en el Servicio Secreto Militar. Su primera misión iba a consistir en sabotear los suministros iraníes a las tropas inglesas luchando para conseguir una victoria del *Reich*. Fue ascendido a capitán y comenzó, en una base holandesa, la instrucción de sus hombres en técnicas de sabotaje para actuar en Rusia y Oriente Medio, era ya 1943, el cuarto año de la guerra, e imitaba las operaciones del *Secret Service* inglés para destruir instalaciones industriales del enemigo. En medio de estos preparativos el 25 de julio de 1943 le ordenaron que se presentara en el Cuartel General (La Guarida del Lobo) para conocer en persona a Adolf Hitler, el hombre que, –según él- había escrito páginas tan decisivas de la Historia de Alemania. El *Führer* preguntó a los oficiales presentes si alguien conocía Italia y Otto respondió que había viajado allí varias veces añadiendo además que era austríaco. Skorzeny estaba admirado ante su 'dueño y señor en persona'. Hitler hizo salir entonces a los demás oficiales excepto a él, a quien le dijo que el Duce, –que consideraba el último cónsul romano- había sido traicionado por el rey y encarcelado en Italia en un lugar desconocido, añadiendo que la misión de su rescate era alto secreto y debía ponerse a las órdenes del general Student. Salió entonces de la audiencia impresionado y entró en una estancia contigua para recibir instrucciones del general junto al *Reisführe*r de las SS, Himmler en persona. La gran incógnita que flotaba en el aire era, ¿dónde habían encarcelado a Mussolini?.

Skorzeny era consciente de la importancia política de la liberación del Duce, se trasladó a Roma y una semana después encontró la primera pista sobre su paradero. Mussolini había sido conducido en una ambulancia desde el palacio del rey hasta el cuartel de los *carabineri* en la Via Legano a un lugar secreto porque los italianos sospechaban que Hitler intentaría rescatarlo. Finalmente descubrió que lo habían llevado a un hotel inexpugnable en la estación invernal del Gran Sasso y entonces planeó su liberación con un asalto de planeadores mientras tropas de tierra controlaban el funicular de acceso. En la madrugada del 12 de setiembre de 1943 él y sus hombres llegaron al aeropuerto de Pratica de Mare desde donde despegaron. Poco antes de las 14 horas los planeadores fueron soltados y picaron hacia el prado escogido por Otto que comprobó, al irse acercando, que era empinado y estaba lleno de baches y pedruscos. El bramido del aire se intensificó. El teniente Meier abrió el paracaídas que debía frenar el aterrizaje y se toparon bruscamente contra la tierra en medio de un ruido ensordecedor. Los comandos abandonaron el destrozado planeador que yacía a 15 metros del hotel. El oficial italiano al mando ordenó no disparar y Otto seguido por ocho hombres avanzó hacia los centinelas gritando: '*¡mani in alti, mani in alti!'*, destrozaron la emisora de radio, treparon hasta una terraza donde varios soldados italianos fueron reducidos y derribaron la puerta de la estancia donde se encontraba Mussolini diciéndole:

> -¡Mi Duce, el Führer me envía para liberarle!, a lo que respondió, -¡Sabía que mi amigo Adolf Hitler no me dejaría abandonado!

Después de abrazarle y darle las gracias comenzaron los preparativos para la huida a un lugar seguro. De los diversos planes sólo era aplicable el más arriesgado, llevarlo a Roma en la avioneta biplaza Fieseler Storch que acababa de aterrizar pilotada por el capitán Gerlach, un as de la aviación alemana, quien le avisó a Otto de la enorme dificultad para despegar desde un terreno tan corto, y más aún con tres pasajeros. Skorzeny prefería morir que presentarse ante Hitler sin haber cumplido la misión, de modo que, alemanes e italianos despejaron el terreno de pedruscos hasta que el motor alcanzó el tope de revoluciones. Ya suelto, recorrió bamboleándose el exiguo terreno y, al alcanzar el despeñadero, se desplomó como una piedra, hasta que encogiendo el corazón de todos, Gerlach logró nivelarlo. Esa noche Otto y Mussolini durmieron en un hotel austríaco. Hitler le agradeció haber cumplido su orden con las siguientes palabras:

> 'Acaba usted de llevar a cabo felizmente una hazaña militar que formará parte de la Historia. Me ha devuelto a mi amigo Mussolini por lo que en agradecimiento a sus servicios le condecoro con la Cruz de Caballero y le asciendo a comandante de las SS. Acepte mis más calurosas felicitaciones'.

Al día siguiente Skorzeny se reunió con la familia del *Duce* para almorzar en el aeródromo de Riem en Munich. Cumplido el objetivo volvió a reorganizar sus comandos sirviendo en el Cuartel General del *Führer* y luego se trasladó brevemente a Vichy pero, a finales de diciembre de 1943, recibió la orden de regresar a Berlín con la esperanza de que le concedieran un permiso y pasar las fiestas navideñas con su hija que ya había cumplido tres años.

A estas hazañas militares siguieron otras hasta el final de la guerra; un traslado a Yugoslavia para intentar capturar al mariscal Tito, la *Operación Panzerfaust,* destinada a desbaratar los planes del regente de Hungría, el almirante Von Horthy, inclinado a pactar la paz con el Ejército ruso, y en 1945 los comandos que dirigía se infiltraron en el frente belga, durante la ofensiva del Bulge en la *Operación Greif,* para realizar operaciones de sabotaje. La batalla en el Oder, en el frente ruso, fue la última participación de Skorzeny en la guerra, con el frente a menos de dos horas de Berlín, contando bajo su mando con unidades de; ancianos, soldados jovencísimos o enfermos, consiguió detener el avance ruso temporalmente y destruir una docena de carros de combate. El 7 de febrero de 1945 se vio obligado a retirar todos sus puestos avanzados en el frente de *Schwedt*. La guerra estaba en su última fase y Alemania tendría que pagar con sangre su insania y crueldad.

En la inmediata posguerra Skorzeny permaneció dos años encerrado en un campo de concentración y luego fue trasladado a *Dachau* para ser juzgado por un tribunal de delitos de guerra. Las acusaciones contra él eran varias, desde una supuesta matanza de norteamericanos capturados por sus hombres disfrazados de soldados yanquis, hasta un absurdo plan de secuestrar a Eisenhower pero, gracias a la defensa de Forrest Thomas, que se presentó como testigo para demostrar que los aliados también habían operado legítimamente al usar uniformes del enemigo, las acusaciones contra Skorzeny por espionaje fueron desestimadas y en consecuencia fue enviado a un campo de desnazificación de Darmstad. El 27 de julio de 1948 se ocultó en el maletero de un coche y huyó. Se tiñó el pelo de rubio ocultándose en una granja propiedad de la condesa Ilse Lüthje (la hija de Hjalmar Schacht ex ministro de finanzas de Hitler). Después de casi dieciocho meses de vivir en la clandestinidad, pidió dinero prestado, obtuvo un pasaporte español Nansen para apátridas y se trasladó a Madrid donde fundó una empresa de ingeniería. De Comandante en jefe de Operaciones Especiales perteneciente a los gerifaltes nazis en el poder, y elogiado por Hitler, pasó a convertirse en un emigrante apátrida en España.

Otto Skorzeny en España como un *tranquilo* hombre de negocios

Las primeras gestiones para que Skorzeny pudiera desplazarse a España se iniciaron en enero de 1951 cuando el ministro Artajo informaba al encargado en la Embajada de España en Bonn que Otto estaba buscando contactos en Madrid, y urgía al diplomático para que hiciera averiguaciones entre personas solventes y militares, de por qué no había regresado a Alemania. El 26 de marzo el mismo ministro informaba al cónsul general en Argel de que el: 'individuo en cuestión' podía estar en España y contaba con el beneplácito aliado así que, en mayo del mismo año, Skorzeny ya tenía libertad de movimientos en España. Por otro lado, el Conde de Montefuerte ratificaba desde Estocolmo que; 'el excoronel había asistido a una reunión de elementos nazis en Stuttgart'. Sus primeras andanzas para adoptar su nueva identidad como hombre de negocios comenzaron en noviembre de 1951, en una reunión en *Ludwigshafen* con los ex jefes militares alemanes Ramcke y Guderian, así como con otros contactos expertos en; química, armamento e ingeniería, reunión que tuvo repercusión en ciertos círculos españoles en la llamada, *Acción Alcázar*. A estos contactos iniciales en Alemania siguió una misión comercial en Madrid del ex presidente del Banco del Reich,- dr. Hjalmar Schacht el mago de las finanzas hitlerianas- de quien Skorzeny era sobrino político, y a quien acompañó durante su estancia en Madrid disfrutando de veladas en restaurantes de primera categoría. Otto comenzaría de este modo su carrera como agente comercial, y ya en setiembre de 1952, vendió como intermediario 200 locomotoras alemanas a la RENFE. En el mismo año el periódico israelita *Yedoth Ahronoth* informaba de la existencia de una fábrica de armas alemana en España que suministraría armamento a Egipto y el intermediario del negocio era el excoronel Otto Skorzeny. En una entrevista con el corresponsal del *Daily Express*, Charles Foley, en abril de 1952 afirmaba:

> 'Aquí en España siento que puedo quitarme la máscara. Ya no tengo motivos para vivir en secreto. La mayor parte de la hostilidad de la guerra ha desaparecido. En España trabajo quince horas diarias para construir varias empresas de ingeniería. También preparo el futuro pero todavía no quiero hablar de eso. En cuanto al pasado, la historia nunca vuelve atrás, yo tampoco lo deseo'.

1952 sería un año prolífico para Skorzeny. Su Excelencia D. Pedro de Prat y Soutzo, marqués de Prat de Nantouillet, envió a su amigo, el teniente general Juan Vigón, entonces Jefe del Estado Mayor, un largo memorándum de Otto (con su nueva identidad: *Ingeniero Diplomado Rolf Steinbauer*) sobre las posibilidades de colaboración de empresas de construcción alemanas con españolas bajo gerencia de éstas. En el documento proponía al militar español la construcción de las bases aéreas y marítimas norteamericanas en territorio español por parte de empresas conjuntas hispano-alemanas que competirían con las ofertas de constructoras norteamericanas o francesas. Otto ó Rolf se ofrecía para visitar las empresas españolas de la construcción e iniciar una colaboración empresarial hispano-alemana.

El marqués de Prat, residente en Madrid, se convirtió en un activo intermediario de los planes comerciales de Otto en España; en marzo escribió a Luis Carrero Blanco, ministro subsecretario de la Presidencia intercediendo por él y alabando sus cualidades:

> 'Le conozco desde que está aquí en España y aprecio su inteligencia y su sentido práctico, aunque por supuesto es un poco machacón como lo son todos los germanos'.

Además de cartas, notas y memorándums a Carrero Blanco, el marqués le pidió audiencia para hablarle de: *nuestras relaciones* con Alemania, además escribió también a Juan Vigón para enviarle documentación e igualmente solicitar una reunión. Todas estas gestiones las realizaba en el marco de las negociaciones del

Pacto Bilateral con EE.UU, esperando una posible ayuda económica y subrayando que las personalidades alemanas involucradas no se habían olvidado del pasado común entre ambos países ofreciendo su mediación incondicional. Para no dejar cabos sueltos, el entonces ministro de Industria, Joaquín Planell, también fue informado de estas iniciativas comerciales. La prensa alemana se hizo eco de estas misiones comerciales y el *Süddeutsche Zeitung* bávaro informaba a sus lectores de la llegada a Madrid del mago de las finanzas, el dr. Schacht, que realizaba gestiones particulares con su sobrino político y socio de negocios Otto Skorzeny, en clara competencia con las negociaciones oficiales hispano-alemanas. Al año siguiente, el Embajador de España en Bonn daba cuenta al gobierno de unas declaraciones de Otto en relación a unas detenciones en Alemania de antiguos nazis (Nauman y Zimmermann) que consideraba que no fueran 'capaces de organizar complots contra el régimen actual en Alemania'. Las detenciones fueron, según el ex coronel, 'maniobras británicas destinadas a invalidar acuerdos comerciales entre los países árabes y Alemania y afirmaba que; 'los nazis se dedican a los negocios sin tiempo para divertirse o fomentar desórdenes' cuando el excoronel exportaba aviones de transporte con genuinos sentimientos pro-árabes, mostraba estar bien dispuesto además a colaborar en el desarrollo industrial de Egipto. La prensa española se hizo eco de estas desgraciadas afirmaciones lo que obligó a Otto a desdecirlas en una carta con fecha 22 de abril de 1953 dirigida a Carrero Blanco. Skorzeny le explicaba al mandatario que tales infundios se interpretaban en El Pardo como hechos consumados y obstaculizaban sus relaciones en un país que tan hospitalariamente le había acogido. Su estancia en Egipto había sido un viaje de negocios en beneficio de su patria y de España, el excoronel no estaba mezclado en asuntos políticos en Alemania, la Internacional Fascista era un bulo, y no había sido nombrado general en Egipto, rogando que notificara su versión en el Consejo de Ministros ya que él solamente aspiraba a desarrollar su trabajo de ingeniero para beneficio de España, aunque no le contó a Carrero Blanco que se había entrevistado también con Nasser, conocía a los oficiales alemanes que trabajaban como asesores por cien libras al mes para el Ejército egipcio, -como el general Fahrmbecher que había luchado con Rommel en el Afrika Korps- y decía ser un simple administrador y no un soldado. Otto, el ingeniero tranquilo, era 'un hombre de paz interesado en la exportación' como le había confesado a Richard Foley para el *Daily Express*. De otra parte, llegaban también noticias allende los mares donde un misterioso diplomático estacionado en Mexico, Julio Bermejo, informaba a la Dirección General de Política Exterior, sin tener la posibilidad de confirmarlo, de que Skorzeny trabajaba para la *Intelligence Agency* en Washington y que gracias a la protección del Gobierno de los EEUU había eludido posibles penas por haber sido un destacado jerarca nazi. Por otra parte, afirmaba el funcionario, la Agencia estaba dominada por elementos antiespañoles y anticatólicos que usaban a Skorzeny para presentar España como un país nazi-fascista. Los bulos o hechos cuestionables llegaron también desde Argentina donde se afirmaba que en 1955 Skorzeny había dirigido bandas de energúmenos que habían incendiado iglesias en el centro de Buenos Aires. ¿Nazi, diablo o ingeniero tranquilo?

Algo extraño debió suceder en la sosegada vida del ingeniero en España porque en 1960 quiso establecerse en Irlanda. El Embajador Germán Baraibar informaba a su gobierno en febrero de ese año desde Dublín que: 'Otto había adquirido una finca en el Curragh, a unas quince millas de la capital a nombre de su esposa, matrimonio que planeaba trasladarse a Irlanda considerando el país muy seguro en caso de una guerra mundial'. Estos planes se vieron obstaculizados por la oposición del diputado del Partido Laborista, dr. Browne, quien sospechaba que el coronel alemán realizaba actividades pronazis. El matrimonio había pasado temporadas en Irlanda, cuatro veces durante 1960, con estancias de tres a cinco semanas, en una de ellas el coronel pronunció una charla en la Sociedad de Debates de Glasnevin sobre sus misiones bélicas, afirmando en ese foro que; 'Alemania no había sido la única responsable de la guerra ya que Francia e Inglaterra fueron los países que la declararon primero y que Hitler no fue un lunático sino que aspiraba a llegar a una paz concertada con Gran Bretaña', y terminó su intervención haciendo gala de sus méritos como militar.

En 1963 las sospechas de actividades pronazis de Skorzeny afloraron en un despacho del Embajador español en Buenos Aires quien informaba, en noviembre de ese año, de un artículo aparecido en el diario argentino *El Mundo* sobre una supuesta actividad del excoronel como instructor de las fuerzas de asalto de Perón lo que provocó la intervención pública del exdiputado por Entre Ríos, Sr. Silvano Santander, denunciando en una conferencia la existencia en España-Austria-Irlanda de un movimiento pronazi. Al año siguiente fueron los italianos, el Servicio de Contraespionaje, quienes solicitaban información sobre los movimientos de Skorzeny ante las sospechas de actividades terroristas austro-alemanas en el Alto Adigio. La Dirección General de Seguridad fue categórica al respecto en su respuesta afirmando que Otto no había salido de España desde 1961 pero ocultando o ignorando sus viajes a Irlanda. Más ocultaciones o protección a Skorzeny en España ya que, -en 1964- la Dirección de Prensa del Ministerio de Información otorgaba al militar el estatus de corresponsal de prensa sin ser periodista para acudir a una conferencia de prensa del Presidente del Bundestag Dr. Gerstenmaier. Daba la casualidad de que el presidente alemán fue detenido por Skorzeny en 1944, cuando era coronel de las SS, y se negaba en rotundo a que estuviera presente en la rueda de prensa.

En Alemania, Austria, Argentina, Irlanda, Egipto y naturalmente España se publicaban noticias sobre el excoronel de las SS que mostraba siempre la cara de ser un pacífico hombre de negocios. A finales de 1964 noticias sobre sus andanzas llegaban desde Francia donde el diario *L'Express* le consideró buena noticia enviando a un corresponsal para entrevistarle en Madrid. Su crónica decía así;

> 'Era el agente preferido del *Führer*, estaba dedicado al negocio del acero, mantenía contactos con empresas inglesas y norteamericanas, industriales alemanes, oficinas en Oriente Medio, Sudáfrica, acepta toda clase de encargos. Vive en Madrid en una casa magnífica en la calle Castellón de la Plana, el barrio de El Viso, con dos terrazas, tres balcones, una amplia escalera con alfombra, jardín y flores. Es en su casa donde recibe a sus visitantes, nazis la mayoría, salvo amigos íntimos que atiende en su oficina de la calle Montera. En el despacho Skorzeny habla por teléfono en alemán. Sobre la mesa del recibidor

hay revistas técnicas de Aviación, es un hombre alto de uno noventa de estatura y más de cien kilos de peso. Tiene ojos fríos gris-azulados, pero sonríe amistosamente y me estrecha la mano. En la pared hay una fotografía; unos oficiales saludan a Hitler brazo en alto, Skorzeny es el tercero por la izquierda. Al contestar a las preguntas muestra un gran dominio de sí mismo y prudencia, ¿Es cierto que mantiene relación con Von Leers, mano derecha de Hitler? ¿Es cierto que hace unos años junto con otros militares nazis adquirió una finca en Irlanda para organizar actividades ilegales? ¿es cierto que gobiernos extranjeros se han dirigido a usted proponiéndole organizar secuestros de personalidades?. Skorzeny responde que debido a su compromiso con el ministro Fraga no suele conceder entrevistas, aunque se jacta de sus hazañas y *ficciones* como; secuestrar a Roosvelt en Teherán. En resumen, me encuentro ante un criminal de guerra salvado de la horca por la inteligencia norteamericana que expone sus sucios asuntos, pero ahora sobre una base comercial. Los correligionarios y amigos de Skorzeny en Bonn son los amos y pueden aún cambiar a su gusto las leyes del país e incluso promulgar una ley sobre la suspensión de las persecuciones judiciales de criminales de guerra y acoger con los brazos abiertos a Skorzeny así como a centenares de otros bandidos que se esconden en Madrid y otros lugares donde son acogidos por *buenos señores* pero el juicio de la conciencia humana es implacable. Los pueblos no olvidarán y no perdonarán a estos *señores* los crímenes cometidos'.

En 1965 la Embajada de Austria en España solicitó al gobierno español convocar a Skorzeny como testigo en el caso de la desaparición del ciemtífico Franz Gerhalter para realizar unas diligencias del Tribunal de Feldkirch, petición que fue ignorada en España por el Ministerio de Justicia español y posteriormente reiterada por la República Federal alemana,

'...una comisión rogatoria por la que la Fiscalía del Tribunal de Stade / Alemania solicita que la autoridad judicial en Madrid tome declaración como testigo al súbdito austríaco St. Otto Skorzeny, residente en Madrid, Montera 25-27, en un procedimiento por asesinato o complicidad en asesinato'.

En el mismo año la periodista Eva Fournier del diario *France Soir* entrevistó a Skorzeny el 19 de marzo para preguntarle sobre una supuesta colaboración del militar en el *Proyecto Tropical* a cambio de millones de dólares que en abril de 1961 debía secuestrar a Fidel Castro. Según el ex embajador de Castro en Londres, Sergio Santamarino, el plan se conserva en los archivos de la CIA y fue parado por el presidente Kennedy ya que éste no deseaba un nuevo fracaso de invasión de Cuba tras el intento de la Bahía de los Cochinos. Otto Skorzeny negó en rotundo estas acusaciones afirmando,

> '...soy un soldado alemán y no un mercenario, se trata de una invención más, también se ha dicho de mí que la Liga Árabe me había ofrecido cinco millones de libras por secuestrar a Mohamed V, yo solamente obedecería órdenes del Gobierno alemán, no de los americanos'.

De un hipotético plan para viajar a Cuba saltó hasta Sudáfrica ya que, en abril de 1965, el Ministro del Interior, de Clerk, manifestó en el parlamento la entrada del exoficial nazi en la República Sudafricana, noticia que el Embajador de España en Ciudad del Cabo comunicó al Gobierno español. Se trataba solamente de un viaje de negocios como representante de empresarios españoles, entrada al país que contradecía la negación de visado a un periodista católico recomendado por el presidente Johnson.

Hasta al menos 1967, los pasos del excoronel Skorzeny eran vigilados por la Guardia Civil que notificaba regularmente al Ministerio de Información y Turismo sus salidas y entradas tanto en Alcudia (donde tenía una casa) como en Madrid. Dos años más tarde la prensa se hizo eco de otro plan rocambolesco de secuestro por parte del salvador de Mussolini, esta vez implicando al expresidente del Congo, Fulbert Yolou, quien al parecer estaba implicado en un asunto de contratación de mercenarios. Cuba, el Congo y un nuevo capítulo de acusaciones contra Skorzeny le llevaba de nuevo a Egipto donde el diario *Al-Gomhuria* publicaba que,

> '...el experto nazi Otto Skorzeny, residente en Madrid y representante de un monopolio del acero alemán oeste es

uno de los pilares del neonazismo, sus métodos se enseñan en academias israelitas que consisten en torturar a los prisioneros de guerra, a civiles y al *exterminio de ciudades (sic)*'.

Al año siguiente el militar volvió a Egipto para entrevistarse con el ministro de Industria, Dr. Aziz Sedky y el de Petróleo Mahmoud Younes, ¿también estaba interesado en el negocio de crudos?. Antes de que el trotamundos Skorzeny cruzara el charco con destino a Uruguay, acudió el 23 de marzo de 1973 al cementerio de La Almudena para ofrecer sus condolencias (con una delegación de la Falange) a la memoria de León Ignace Degrelle, un político belga, exoficial de las *Waffen SS* que había terminado su vida en España, combatido junto a las fuerzas del Eje en la Segunda Guerra Mundial con la Legión Valonia, -una unidad extranjera adscrita a las *Waffen SS*- y finalmente había estado destinado en Noruega cuando la rendición alemana en 1945. Desde el país nórdico logró escapar a España donde el Régimen de Franco le protegería durante décadas de la sentencia de muerte por crímenes de guerra emitida en su contra. La oportuna concesión de la nacionalidad española le libró de ser extraditado tras el final del Franquismo. En España prosiguió con su militancia política sin renunciar nunca a sus ideales políticos fascistas participando activamente en la organización de los nuevos partidos políticos de extrema derecha en Europa. Durante su estancia en España, vivió bajo el nombre falso de José León Ramírez Reina.

Casi al final de sus días Skorzeny llevó a cabo aventuras comerciales en el Paraguay del general Alfredo Stroessner. La audiencia que le concedió el Presidente de la República paraguaya en Asunción fue previamente preparada con; Gabriel Valderrama, Subsecretario de Asuntos Exteriores en el MAE, Jaime Tornos Cubillo, de la empresa Tecniberia, Fernando Olivie, Embajador de España en Uruguay, Federico Mandelburg, Secretario de Planificación en Paraguay y el Sr. Nicolás Bo quien puso a su disposición un coche con chófer. El tres de mayo de 1973 expuso al presidente Stroessner durante hora y media, rodeado por una docena de generales, la creación de una empresa hispano-alemana (Tecniberia y el grupo Hischmann, con una aportación inicial de tres millones de dólares) interesada en la construcción y mantenimiento de una fábrica de cemento según el sistema seco para producir 250.000 toneladas / año. Sugería también la posibilidad de enviar un equipo de especialistas alemanes y españoles para estudiar in situ cuestiones económicas y de transporte. Igualmente aprovechaba la posibilidad para sondear la exportación desde Austria de metralletas Steyr.

En 1975 la salud del excoronel de las SS Otto Skorzeny se deteriora, quedó paralizado de un brazo y una pierna tras una operación en Hamburgo pero antes de su salida del país fue abofeteado en un estudio de televisión parisiense por un ex combatiente de la Resistencia francesa. El austríaco declaró a la prensa:

> '...estar orgulloso de haber servido fielmente a mi país y al Führer quien fue elegido por una aplastante mayoría por el pueblo alemán y lamento que toda Europa, –no solamente Alemania- esté dividida y desgarrada por esas potencias a las que tuve el honor de combatir'.

Otto Johann Anton Skorzeny, excoronel de las SS, íntimo del *Führer*, Jefe de Operaciones Especiales durante la guerra, tranquilo ingeniero en tiempos de paz, protegido por Franco y otros militares del Régimen, trotamundos dedicado a los negocios hispano-alemanes y nazi convencido hasta el final, falleció el sábado siete de julio a las 23 horas en el Hospital Francisco Franco a la edad de 67 años, una ironía del destino. Sobre su tumba permanecieron muchas incógnitas entre ellas el haber organizado en los años sesenta una red conocida como *Die Spinne* (la araña) que operaba en Denia para ayudar a emigrar a nazis proporcionándoles pasaportes y nuevas identidades. Al funeral en el cementerio de La Almudena acudieron; Tomás García Rebull, antiguo Jefe de la Región Militar de Madrid y el falangista Raimundo Fernández Cuesta. Antiguo ministro del Movimiento y de Justicia quienes entonaron el himno del III Reich. Las cenizas fueron posteriormente trasladadas a Viena.

Otto Skorzeny en la sombra

Debe hacerse un esfuerzo para distinguir al hombre del mito. Es evidente que muchos nazis obtuvieron protección durante el Régimen de Franco por militares y falangistas, Otto Skorzeny no fue una excepción ya que se le concedió la nacionalidad española, aunque usó durante su vida otras identidades y pasaportes con nombres como el de: Rolf Steinbauer. El excoronel nazi desarrolló su carrera militar en el servicio de contraespionaje de la *Wehrmacht* al tiempo que luchó en diferentes frentes durante la II Guerra Mundial, es decir fue un avezado espía que se cuidó bien durante la posguerra de no dejar huellas creando siempre confusión sobre sus ocupaciones en tiempos de paz, por tal motivo resulta difícil encontrar documentos comprometedores, a excepción de memorándums de la CIA desclasificados. Sus actividades estaban rodeadas de cortinas de humo y convenientes contradicciones. La dictadura franquista entorpeció los procesos de extradición de nazis, –sobre todo en la inmediata posguerra- entregó la documentación que le parecía oportuna a instituciones extranjeras o cubrió un tupido velo sobre sus actividades en España. Durante los primeros años de su estancia en Madrid, Otto Skorzeny colaboró (invitado por los generales Albert Schnez y Hans Speidel) en la organización de un ejército en la sombra formado por antiguos combatientes de las SS ante una eventual amenaza de agresión de la Unión Soviética, actividad bendecida por Franco. La Guardia Civil y la CIA siguieron de cerca sus movimientos dentro y fuera de España. Skorzeny se codeó también en la Gran Peña, un círculo social privado situado en el número dos de la Gran Vía, con destacados militares y falangistas españoles tales como; Muñoz Grandes, García Rebull, Girón de Velasco o Juan Vigón, y con el halo de haber sido el salvador de Mussolini, obtener lucrativos negocios de exportación de toda clase de productos y servicios; acero alemán, aviones de transporte, cemento, locomotoras, balas toledanas, metralletas austríacas, petróleo egipcio, asesoría militar. Su doble vida era obvia, de un lado seguía manteniendo contactos con sus camaradas nazis, de otra se instaló como un *tranquilo ingeniero* director de una empresa de importación y exportación que durante su actividad empresarial (veinticuatro años en España) se encargó, entre sus muchos proyectos, de la mediación en la construcción de bases aeronavales en; Torrejón de Ardoz, Rota, Morón y Zaragoza por parte de empresas hispano-alemanas. Los contactos alemanes de Skorzeny estaban muy bien vistos por los jerarcas franquistas (como la colaboración del coronel de las SS Messerschmitt en el diseño de los primeros cazas de combate del Ejército del Aire). El excoronel de las SS contaba en Alemania con el apoyo financiero del ex ministro de finanzas de Hitler, Hjalmar Schacht, que había fundado un banco en Hamburgo y era psriente de su tercera mujer. Todas estas iniciativas comerciales encubiertas se mezclaban con bulos y ficciones sobre secuestros de personalidades de los que siempre se hacía responsable al militar salvador de Mussolini. Uno de los aspectos más oscuros de su vida fue una supuesta colaboración con el Mosad, primero para que Simon Wiesentahl garantizara su inmunidad, y segundo la colaboración del coronel para identificar y *neutralizar* a científicos nazis como Heinz Krug que fue asesinado cerca de Munich y colaboraba con el Gobierno egipcio de Nasser en el desarrollo de misiles. Militares de alta graduación y falangistas españoles (algunos ex combatientes de la División Azul) fueron los mejores aliados de refugiados nazis como Skorzeny. Franco le siguió los pasos (sobre todo a través del ministro Fraga Iribarne) para evitar que comprometiera los intentos de dulcificar su Régimen dictatorial y paternalista ante el amigo norteamericano otorgando protección a los nazis fanáticos afincados en España. En el funeral del excoronel en 1975 los asistentes hicieron el saludo fascista sobre su tumba entonando el himno, *La canción de Alemania*, seguido del *Cara al sol* y gritos de: *¡España, una, grande y libre!*. Se despedía así en el cementerio al mito y al villano fanático que tuvo en jaque en la sombra a varias agencias de inteligencia durante décadas y que gracias a la protección de Franco y de amigos influyentes, como Carrero Blanco, hizo pingües negocios en medio mundo, el último en 1973, en el Paraguay del General Stroessner, exportando cemento y metralletas austríacas.

Fuentes y bibliografía

Otto Skorzeny. *Vive peligrosamente*. Acervo, Barcelona: 1965.

Otto Skorzeny. *Luchamos y perdimos*, Acervo, Barcelona: 1966.

Hannah Arendt. *Eichmann en Jerusalén*. Lumen, Barcelona: 2005.

Howard Zinn. *On War*. Seven Stories Press, New York: 2006.

Charles Whiting. *Otto Skorzeny*. San Martín, Libro 2 Barcelona: 1972.

Martín Mucha 'Skorzeny, el archivo secreto del nazi que liberó a Mussolini' en *Historia*, año 13, nr. 165, 2012, pp: 18-27.

Francisco José Rodríguez de Gaspar. *Otto Skorzeny, el nazi más peligroso en la España de Franco*. Almuzara, Madrid: 2021.

Archivo General de la Administración del Estado (AGA). Alcalá de Henares. Legajos; R.9788, caja 82/26630, exp. 1 Acta judicial de Franz Gerhalter y de Skorzeny / R.11964, TOP 63/56-71, exp. 30 Correspondencia del Embajador Fernández Valderrama (1971-1974) / R. 3182, caja 82/8873, exp. 3 Actividad del coronel alemán Otto Skorzeny / R, 3362, caja 82/9318, exp. 11 Informes del súbdito alemán Otto Skorzeny / R. 3182, caja 82/8873, exp. 3 Memorandum sobre la colaboración de la industria hispano-alemana redactado por Rolf Steinbauner (Otto Skorzeny) / R. 4491, caja 82 /11767, exp. 3 Informes sobre la actividad de Otto Skorzeny / R. 5962, caja 82 /1507 Actividad de Otto Skorzeny / R. 7230, caja 82/17768, exp. 10 Refugiados alemanes en España, Otto Skorzeny / R. 7518, caja 82 /18400, exp. 30-31 Refugiados políticos alemanes, actividades en España, Otto Skorzeny / R. 7814, caja 82/19197 Actividad del refugiado alemán en Ciudad del Cabo Otto Skorzeny / R. 8502, caja 82/20687, exp. 57 Informes sobre Otto Skorzeny / R. 8890, caja 82/21613, exp. 16 Refugiados políticos alemanes / R. 8104, caja 82/19744, exp 133 Extradición del austríaco Otto Skorzeny.

Fotografías

Otto Skorzeny, alias *Caracortada*, con el uniforme de coronel de las SS.
Otto Skorzeny con Benito Mussolini tras su rescate en Italia.
Otto Skorzeny con Adolf Hitler en la *Guarida del Lobo.*
Otto Skorzeny con Klaus Barbie, Jefe de la Gestapo en Francia, en una juerga, probablemente en Bolivia.

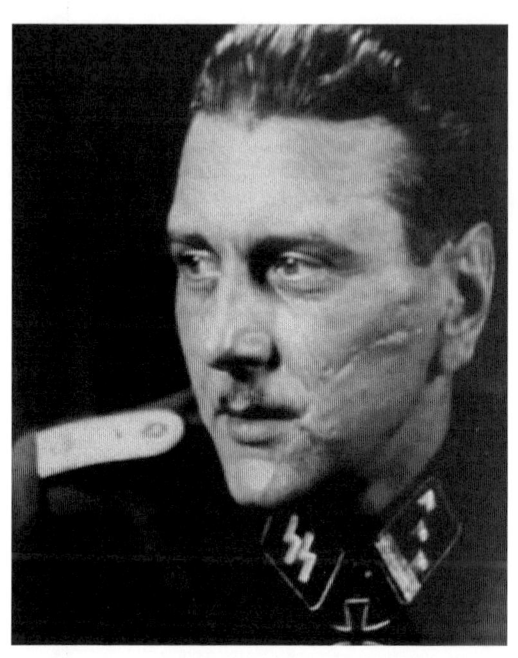

La desbandada. El crimen de la carretera de Málaga a Almería (1937) por Norman Bethune

> 'Lo que quiero contaros es lo que yo mismo vi en esta marcha forzada, la más grande, la más horrible evacuación de una ciudad que hayan visto nuestros tiempos'.

La evacuación en masa de la población civil de Málaga comenzó el domingo 7 de febrero de 1937. Veinticinco mil tropas alemanas, italianas y moras entraron en la ciudad el lunes 8 por la mañana. Tanques, submarinos, buques de guerra y aviones se unieron para aplastar las defensas de la ciudad, dirigidas por un pequeño y heroico grupo de tropas españolas sin tanques, aviones o apoyo. Los nacionales entraron en lo que era una ciudad desierta.

Había unos ciento cincuenta mil hombres, mujeres y niños encaminándose buscando seguridad hasta una ciudad distante doscientos kilómetros. Solo hay una ruta, no hay otras vías de escape, solamente una carretera rodeada por las montañas de Sierra Nevada de un lado, y del mar, por el otro, serpenteante, excavada en el lateral de los acantilados. Un hombre sano puede llegar a recorrer a pie hasta cuarenta kilómetros al día. El viaje que esas mujeres, niños y ancianos afrontaron les llevaría como mínimo cinco días con sus cinco noches. No hallaron alimento en los pueblos, ni trenes, ni autobuses que los transportaran. Tuvieron que caminar y a lo largo del camino tropezaron y se tambaleaban con los pies magullados mientras los fascistas los bombardeaban desde el aire y disparaban desde sus barcos en el mar.

Describo lo que he visto con mis propios ojos de esta marcha forzada, -la más grande y terrible evacuación de una ciudad en tiempos modernos-. Habíamos llegado a Almería a las cinco del miércoles 10 con un camión refrigerado de sangre recogida en Barcelona. Nuestra intención era continuar hasta Málaga para practicar transfusiones de sangre a los heridos. En Almería oímos por primera vez que la ciudad había caído y nos aconsejaron no continuar puesto que nadie sabía dónde se encontraba el frente. Motril también había caído. Pensamos que era importante seguir para averiguar cómo se estaba llevando a cabo la evacuación de los heridos. Partimos a las seis de la tarde por la carretera de Málaga y al cabo de pocos kilómetros ya nos topamos con la cabecera de aquella procesión sufriente. Allí se encontraban los más fuertes, acarreando todas sus posesiones en; burros, mulas y caballos. Los pasamos de largo y cuanto más avanzábamos, más penosas eran las imágenes que veíamos; miles de niños, -contamos hasta cinco mil menores de diez años-, y al menos mil de ellos descalzos y vestidos con una sola prenda de vestir. Muchos se aferraban a las espaldas de sus madres o colgaban de sus brazos. Un padre se tambaleaba con dos niños de corta edad sobre los hombros a la vez que llevaba; ollas, sartenes y otros bienes. El flujo continuo se hizo tan denso que apenas podíamos avanzar en medio de todos ellos. A ochenta y ocho kilómetros de Almería nos suplicaron que no fuéramos más allá porque los fascistas estaban detrás. A estas alturas nos habíamos cruzado con tantos niños y mujeres afligidos que pensamos que lo mejor era dar la vuelta y empezar a llevarnos a los casos más graves para ponerlos a salvo.

Era difícil decidir a quién llevar. Nuestro coche era asediado por una turba de madres y padres desesperados que con los brazos cansados y extendidos hacia nosotros, nos entregaban a sus hijos con los ojos y rostros hinchados y congestionados durante cuatro días de marcha, sedientos bajo el sol.

'Llevaos a éste', 'mirad a este niño', 'éste está herido' nos suplicaban. Había niños con trapos manchados de sangre alrededor de los brazos y piernas, niños sin zapatos, con los pies tan hinchados que habían duplicado su tamaño, llorando desconsolados de dolor, hambre y agotamiento. Doscientos kilómetros de miseria, cuatro días con sus cuatro noches, escondiéndose de día en las montañas cuando los bárbaros fascistas los ametrallaban desde el aire, caminando de noche rodeados de un torrente de; hombres, mujeres, niños, mulas, burros, cabras, gritando los nombres de familiares desaparecidos, perdidos en la multitud ¿Cómo podíamos elegir entre un niño que estaba muriendo de disentería o una madre que nos miraba en silencio con los enormes ojos hundidos mientras estrechaba contra su pecho al descubierto a un niño nacido en la carretera dos días antes?. También había una mujer de sesenta años, incapaz de dar un paso más, con las piernas hinchadas llenas de úlceras varicosas abiertas que sangraban sobre las sandalias de lino. Había muchos ancianos que simplemente se rendían, se dejaban caer a un lado de la carretera a esperar la muerte.

Al principio decidimos llevarnos únicamente a niños y madres. Entonces, la separación entre padres e hijos, maridos y mujeres, se hizo demasiado cruel como para soportarlo. Terminamos por transportar a familias enteras con el mayor número de niños pequeños o solitarios, pues había cientos sin padres. Llevamos hasta Almería de treinta a cuarenta personas en cada viaje durante los tres días siguientes con sus noches hasta el Hospital del Socorro Rojo Internacional, donde recibieron atención médica, alimentos y ropa. La infatigable dedicación de mis ayudantes, conductores del camión, salvó muchas vidas. Se turnaban para conducir yendo y viniendo día y noche, durmiendo al raso en la carretera entre turnos y sin más comida que pan seco y naranjas.

No contentos con bombardear y disparar a esta procesión de campesinos desarmados a lo largo de la carretera, en la tarde del día 12, cuando el pequeño puerto de Almería estaba atestado de refugiados, con su población multiplicada por dos, cuando cuarenta mil personas exhaustas habían llegado a lo que consideraban un refugio seguro, fuimos salvajemente bombardeados por la aviación fascista italiana y alemana. La alarma sonó treinta segundos antes de que cayeran las bombas. Los aviones no se contentaban en alcanzar a los acorazados del Gobierno anclados en el puerto o bombardear los barracones. Deliberadamente, soltaron bombas en pleno centro de la ciudad, donde, acurrucados tan juntos que un coche a duras penas habría podido pasar, dormían los refugiados agotados. Después de que se alejaran los aviones recogí del pavimento a tres niños muertos delante del Comité provincial para la Evacuación de Refugiados, donde habían estado haciendo una larga cola para obtener una taza de leche o un trozo de pan seco, el único alimento que muchos de ellos habían recibido durante días. La calle era una devastación sembrada de muertos y moribundos, iluminados tan solo por los destellos anaranjados de los edificios en llamas. En la oscuridad; los gemidos de los niños heridos, los chillidos de las madres angustiadas, las maldiciones de los hombres se convirtieron en un llanto masivo, cada vez más alto, hasta alcanzar un tono de una intensidad insoportable. Uno sentía el cuerpo tan pesado como el de los mismos muertos, pero hueco y vacío, y en el cerebro ardía la viva llama del odio. Aquella noche murieron cincuenta civiles y otros tantos resultaron heridos. Solamente murieron dos soldados.

¿Cuál ha sido el enorme crimen cometido por aquellos civiles desarmados para que fueran asesinados de aquella manera tan atroz? Su único crimen era haber votado para elegir un gobierno del pueblo, comprometido con la mitigación de la aplastante losa de siglos de codicia capitalista. El interrogante era: ¿por qué no permanecieron en Málaga y esperaron la llegada de los fascistas? No lo hicieron porque sabían lo que les esperaba. Sabían lo que les esperaría a los hombres y mujeres, como ya había ocurrido tantas veces en otras ciudades tomadas. Todos los varones entre quince y sesenta años que no pudieran probar que no les habían obligado por la fuerza a ayudar al Gobierno serían fusilados de inmediato. Y es esta certeza la que ha concentrado a dos tercios de toda la población española en un tercio del país todavía en poder de la República.

Norman Bethune. *La desbandá. El crimen de la carretera de Málaga a Almería, 2023.*

Henry Norman Bethune (1890-1939). Médico canadiense, voluntario del Frontier College en remotos campamentos madereros y mineros de todo el norte de Ontario donde enseñó a los trabajadores inmigrantes a leer y escribir en inglés. En 1914, sirvió como camillero en el Frente occidental. Fue uno de los primeros defensores de la medicina socializada que formó el Grupo de Montreal para la protección de la salud. En 1936 Bethune aceptó la invitación de la Comisión de Ayuda a la democracia española encabezando la Unidad médica de Canadá en Madrid y se incorporó al Batallón Mackenzie-Papineau llegó a España en noviembre de 1936. Fue testigo presencial de la masacre de civiles en la carretera Málaga-Almería durante su huida de la ciudad que había sido tomada por el bando sublevado. Durante tres días él y sus ayudantes socorrieron a los heridos y ayudaron en el traslado de refugiados hacia la capital almeriense.

Defensa de la Historia por Julián Casanova

Las conmemoraciones de pasados violentos y traumáticos, plantean retos relacionados con contextos históricos, políticos y socioculturales. Muchos memoriales se construyen en los lugares donde ocurrieron masacres o atrocidades. El problema es que los *lugares de terror* a menudo cuentan múltiples y complejas historias de violencia repetida, borrando la distinción entre verdugos y víctimas. En muchos países, -de Europa del Este a España pasando por Alemania- grupos rivales de víctimas hacen oír sus voces y quieren ser reconocidas, a veces a costa de las otras. Esos antagonismos conducen a; estrategias reactivas, -contramemorias, contrarrelatos, símbolos alternativos y guerras de cifras- cuyo fin es restar importancia a las reclamaciones de victimismo por parte de otros grupos.

La memoria cambia con el tiempo, conforme la sociedad y la política evolucionan, y cambian también sus formas de difusión en los medios de comunicación. Como ocurre con el análisis de la Historia, la memoria invita a varias y contravertidas lecturas. Por un lado, la información no contrastada difumina las fronteras entre los historiadores profesionales y los aficionados a la Historia. Por otro, cuando se trata del siglo XX, -de guerras, revoluciones, limpiezas étnicas y genocidios- resulta difícil distinguir entre las investigaciones sólidas, contrastadas, debatidas en congresos y trabajos científicos, y los relatos propagandísticos o políticos. Los testigos de los hechos no son historiadores, pero reclaman autenticidad además de contar las cosas, hablan de sí o se ponen en el centro del relato. O como escribe Krzystof Pomian: 'toda memoria humana no es solo selectiva, es necesariamente egocéntrica y lo organiza todo en torno al Yo del que es memoria'. Es la confrontación entre el historiador y la memoria todavía dolorida, y las posturas ideológicas capaces de despertar intensas pasiones.

Y lo advertía también Tzvetan Todorov hace más de dos décadas, hay una distinción entre la *recuperación* del pasado y su *utilización*. En ésta, la Historia ya no cae solo bajo el exclusivo ámbito del historiador profesional y es tratada cada vez más en los medios de comunicación, en exposiciones, documentales y en la ficción. El historiador no es un mago capaz de desvelar completamente el pasado, sino un guía que estimula a leer y pensar críticamente.

La mayoría de la gente no está interesada en los; debates, las interpretaciones, las respuestas conceptuales o las diferencias metodológicas, sino, por el contrario, en la Historia como espectáculo, anécdota de entretenimiento o prueba de conspiración. El desarrollo de la Historia profesional en las universidades parece hoy una carrera secundaria y menor si se compara con las series de televisión o la difusión que hacen de la Historia periodistas aficionados que nunca mencionan las fuentes. Las fuentes históricas son siempre incompletas, iluminan algunos aspectos y dejan otros en la penumbra. Pocos creen ya que el objeto del historiador es presentar a los lectores la *verdad sin mancha*, o que el pasado existe independientemente de la mente de los individuos y lo que tiene que hacer el historiador es representarlo de forma objetiva.

Que los hechos de la Historia nunca nos llegan en estado puro es algo que popularizó Edward H. Carr hace ya muchos años y lo había sido dicho por los historiadores estadounidenses de la *New History* a comienzos del siglo XX. Pero asumiendo que la verdad absoluta es inalcanzable, la función del historiador debería ser la de descubrir modestamente las verdades, aunque sean parciales y precarias, descifrando parcialmente en toda su riqueza los mitos y las memorias.

No hay una única Historia europea, sino múltiples historias que se superponen y se entrecruzan unas con otras. La tarea de un historiador es ajustar las piezas de ese enorme mosaico incompleto que es la historia del siglo XX, seleccionar los fragmentos y relatos sobre temas específicos, para formar un todo coherente, aunque no definitivo.

Julián Casanova. *Una violencia indómita. El siglo XX europeo*, 2020:283-285.

Julián Casanova Ruíz (1956) Historiador español. Catedrático de Historia Contemporánea en la Universidad de Zaragoza y *Visiting Professor* en la Central European University de Budapest.

Sobre la guerra en Ucrania

Antecedentes, análisis y perspectivas de la Guerra en Ucrania por el General de División Vicente Díaz de Villegas y Herrería

Por iniciativa de mi amigo montañero José Jayme Bravo, teniente coronel retirado, tuve la oportunidad en enero de 2024 de conocer al Doctor Aitor Yraola, quien me propuso escribir el prólogo y colaborar con un capítulo en el presente libro sobre: *La Historia y guerra en Ucrania*, solicitud que he atendido para prestar un servicio ante el desastre de este conflicto. Ocupado en el seguimiento de la seguridad de algunos países como; Argelia, Oman, Kuwait, Guineas Conakry y Bissau, Mali y de otros conflictos como Afganistán, Congo RDC, Al-Qaeda y el Estado Islámico, no seguí al detalle el inicio de la guerra con la toma de Crimea por Rusia en 2014. Sí me sorprendió la aceptación de los países occidentales y la inoperancia de la OTAN. Después en el 2018 escribí varios artículos sobre el cierre ruso del Estrecho de Kerch entre el Mar de Azov y el Mar Negro, artículos que recibieron gran aceptación y también alguna crítica por personas sorprendentemente filorusas que apoyaban la acción militar rusa. A partir de la invasión de Ucrania del 2022 hasta el 2023 escribí otros artículos y participé en informativos de televisiones y radio. Este capítulo contiene en parte mi contribución previa al tema con los artículos publicados y alguna referencia a 2024.

Para entender algo de lo que está pasando, conviene considerar el pasado histórico y el paralelismo entre Putin e Hitler. La experiencia histórica y el estudio han dado lugar al desarrollo en las ciencias, la ingeniería, la medicina y debieran servir de lección a los políticos pero desafortunadamente los asesores políticos ignoran las lecciones aprendidas. La política está muy afectada por debilidades humanas milenarias como la; soberbia, la mentira, la avaricia y la envidia. En 1936, violando el tratado de Versalles Hitler remilitarizaba Renania. En 1938 las tropas nazis de Hitler entraban en Austria anexionándola al día siguiente con el apoyo entusiasta de la mayor parte de la población. En 1938 Hitler ocupaba los Sudetes de Checoslovaquia. El pretexto era las supuestas privaciones sufridas por las poblaciones germanas que habitaban los Sudetes, regiones fronterizas con Alemania en el norte y oeste. Putin de forma similar también apoyaba a los secesionistas del Donbás porque eran prorusos aunque el 90% de la población había votado por la independencia de Ucrania. En Munich, Chamberlain (Reino Unido) y Daladier (Francia) aceptaron sin oposición la invasión de los Sudetes por Hitler. Esta falta de reacción se basaba en la experiencia sangrienta de la I GM donde hubo unos 10 millones de muertos y 20 millones de heridos militares (solamente el 22 de agosto de 1914 murieron 27.000 soldados franceses). Esa actitud pasiva llevaría a rendir Francia a los alemanes en 1940. En marzo de 1939, la Alemania nazi invadió y ocupó el resto de Checoslovaquia, y el 1 de septiembre del mismo año, al amparo del pacto Ribentrop-Molotov, entre nazis y comunistas, Hitler invadió Polonia y dos semanas más tarde Stalin completaba la invasión de Polonia.

En la masacre descubierta por el cónsul noruego en España, Felix Schlayer, hubo entre 2.500 a 5.000 víctimas (por confirmar) entre; religiosos, militares, jueces, militantes políticos, niños que fueron asesinados por los comunistas en diciembre de 1936 en Paracuellos del Jarama (España). Entre marzo y mayo de 1940, al igual que en Paracuellos, para acabar con la élite polaca, aproximadamente 22.000 polacos, policías, jueces, intelectuales, oficiales del ejército y otros civiles, fueron asesinados en Katyn (Polonia) por la policía secreta ruso-comunista, la NKVD, (precursora de la KGB, cuna de Putin, ahora FSB). Putin, antes comunista y ahora comunista-capitalista y *nazionalista* de Ivan Ilyn, continúa su invasión de Ucrania pretextando como Hitler en sus sucesivos ataques a Checoslovaquia (1938 y 1939), Polonia (1939), Dinamarca, Noruega, Bélgica, Holanda hasta Francia (1940):

> 'Proteger a sus minorías y salvar a los países del ataque de Francia e Inglaterra continuar la invasión de Ucrania pretextando también proteger a Ucrania del gobierno ucraniano' insistiendo que es la OTAN la que quiere atacar a Rusia'

Olvidaba Putin mencionar sus agresiones militares, cyber o híbridas contra; Georgia, Chechenia, o los Países Bálticos. En la ONU en el 2022 141 países votaron contra la invasión de Ucrania, hubo

32 abstenciones y 7 votos en contra. El zar Putin ha errado tanto en su pretendida justificación como en el desarrollo de la invasión pero sabe que sólo tiene una salida hacia delante.

Como en 1940, la *kremlinofilia* de izquierdas y derechas en Francia y los *putinófilos* de otros países impermeables a cualquier realidad desde 2022 retransmiten las mentiras de justificación del Kremlin ('nazificación de Ucrania, ataque de la OTAN a Rusia, Crimea siempre fue rusa, Ucrania nunca existió como nación, ataque sistemático, -como la Guerra fría- a un *interesado* EEUU, no humillar a Rusia). El ejército francés con 6,5 millones de soldados aguantó el ataque alemán del 10 de mayo al 25 de Junio de 1940. Los comunistas franceses, *quislings* de los nazis alemanes bajo el pacto comunista-nazi Molotov-Ribbentrop, desde el 10 de Mayo de 1940 hasta la invasión de Rusia por Alemania en Junio de 1941, sabotearon los ejércitos de Francia y colaboraron con los alemanes. Polonia ocupada por los soviéticos entre 1939 a 1993 sabe bien hoy quienes son los *putinófilos.*

En 1945 Ucrania tenía asiento en la ONU y en 1954 el Soviet Supremo ratificaba la transferencia de Crimea a Ucrania. Aplicando el pretexto histórico de Putin y los *putinófilos*, una parte de Ucrania sufrió 250 años de ocupaciones rusas aunque Lviv/Leópolis o Kiev fueron más importantes que Moscú. España fue ocupada durante siete siglos por los árabes hasta 1492 y llegó a América en 1492 pero en 1898 perdió una presencia de 400 años gobiernos españoles. ¿Querría, podría, debería España dedicar su política a lanzar una operación especial para recuperar algo de América? España dejó desde 1551; universidades, hospitales, agricultura y ganadería, derecho, diccionarios con lenguas locales y la lengua. Hoy España no tiene ni un metro cuadrado en América. El oro del continente americano regó a lo largo de los siglos a países europeos como Reino Unido, Holanda y Francia, y en 1936 los gobernantes comunistas como Largo Caballero y Negrín enviaron el 75% de las reservas de oro de España (510 toneladas, la cuarta reserva mundial) a Moscú. Y el enclave de Kaliningrado, - de Prusia en 1657 y Alemania en 1871 ocupado por Rusia en 1945, fue convertido en una importante base militar soviética. ¿Deberían los rusos devolverlo a Alemania? La URSS, como antes la Rusia zarista y otros países, se dedicó a rusificar los países que ocupaba, relegando a los habitantes autóctonos. Creado el Pacto de Varsovia (PAV) en 1955, la URSS aplastó sistemáticamente cualquier país aunque fuera aliado suyo cuyos líderes no fueran títeres de Moscú. La visión de Putin continúa esa ambición imperialista y soviética: Moldavia unida a Rumanía en 1920 era separada por la URSS, al terminar la II GM. Alemania Oriental fue aplastada en 1953. Hungría, ocupada por los soviéticos al final de la II GM fue reinvadida el 4 de noviembre de 1956, por más de 31.000 soldados y 1.100 tanques del PAV ocupando Budapest y otras regiones de Hungría. La resistencia húngara aguantó hasta el 10 de noviembre suplicando la ayuda de Occidente que no recibió. Hungría quedó en manos soviéticas durante 45 años, hasta 1991. La noche del 20 al 21 de agosto de 1968, después del revolucionario mayo francés del 68, 170.000 soldados y 4.600 tanques soviéticos del Pacto de Varsovia (URSS-Rusia, Bulgaria, Polonia, Alemania Oriental y Hungría) invadieron Checoslovaquia para acabar con la Primavera de Praga.

La guerra en Ucrania que, en Febrero 2022, Putin iba a resolver en 72 horas, ha sobrepasado los dos años. Desde Yalta en 1945 la política de División-Influencia evolucionó a la de Unión-Libertad de Helsinki en 1975. En el siglo XXI Putin pretende volver al Imperio soviético de Yalta. En 1990 se firmaba en París, el *Tratado de Fuerzas Convencionales en Europa* (FACE) con un intercambio de información que facilitaba la relación entre la OTAN y el Pacto de Varsovia. En 1991 se acordaba en Bielorrusia la Independencia de Ucrania, Bielorrusia y Rusia. En 1994 con el *Memorándum de Budapest,* Ucrania, que tenía el tercer mayor arsenal nuclear, se desnuclearizó voluntariamente. EE.UU y Reino Unido ofrecieron garantías de seguridad a Ucrania. Entre el material nuclear había 170 Misiles Intercontinentales Estratégicos, cada uno con 5 cabezas nucleares que apuntaban a EEUU y cuyo combustible sólido o liquido caducaba en 1997. Aunque el mando del lanzamiento estaba en Rusia, la respuesta ante un ataque a EEUU sería contra Ucrania. El ingeniero de misiles y ex presidente ucraniano proruso Kuchma (1994-2005) afirmaba:

> 'Rusia no se hubiera atrevido a invadir Crimea en 2014 ni a apoyar a los secesionistas, si Ucrania no se hubiera desnuclearizado totalmente, quedándose con 30 o 40 cabezas nucleares'

En 1994 en el marco del *partenariado por la paz* (PfP) 19 países ex-soviéticos, incluyendo Rusia y Bielorrusia, se relacionaron con la OTAN. De los 19 países, 15 entraron en la Alianza en años sucesivos. En 1997 se firmaron dos acuerdos entre Ucrania y Rusia sobre reparto de fuerzas militares, bases y de amistad y cooperación, respetando las fronteras. Desde 2002 Ucrania, como otros países ex Pacto de Varsovia y Rusia, se relacionaron con la OTAN. En el marco de un Consejo con la OTAN, Rusia contaba con representación en Bruselas y la OTAN en Moscú hasta 2021 cuando Moscú, tras la expulsión de la sede OTAN de ocho rusos por espías, cerró la delegación. Putin, que renegó de Gorbatchev y Yeltsin por la disolución de la URSS, siempre consideró la posible adhesión de Ucrania como una amenaza para Rusia.

En 1999 la OTAN, siendo Secretario General el socialista Javier Solana, 'sin ser atacado ningún país OTAN y aun sin la posterior resolución 1244 de ONU', al negarse Serbia en Rambouillet a ser inspeccionada en el marco de la situación humanitaria en Kosovo (antigua Yugoslavia), bombardeó Serbia durante 78 días seguidos. Los bombardeos aéreos con aviones y misiles terminaron cuando se alcanzaron; el *Acuerdo Militar Técnico* (MTA) con Serbia (antigua Yugoslavia) y el *Memorandum* (MOU) con la guerrilla albano-kosovar (UÇK). Serbia no fue invadida pero cuando las fuerzas de la OTAN entraban en Kosovo Putin, -tradicional aliado de Serbia- en una audaz acción motorizada envió a sus paracaidistas al aeropuerto de Pristina (Kosovo). El entonces Mando Aliado Supremo en Europa (SACEUR / General Clark/ USA) ordenó entonces al Mando de la Fuerza (COMKFOR), Michael Jackson (Reino Unido) expulsarlos por la fuerza a lo que este se negó. Finalmente les fue asignada un área a caballo entre Pristina y Peç.

En 2003, tras más de diez años de sanciones y embargo por la ONU, y el establecimiento de una zona prohibida de vuelo (*No Fly Zone NFZ*) y tras bombardeos con armas químicas contra civiles kurdos, se desencadenó la II Guerra del Golfo con más de 60 países involucrados, más de diez de ellos musulmanes. Se autoexcluyeron; Francia, Alemania y Rusia, unidos desde la reunificación de Alemania, creando así una 'fractura' que abría una ventana de esperanza a Sadam Hussein que no rectificaba'. John McCain, piloto prisionero de guerra de los comunistas en Viet-Nam, senador de EEUU y candidato a la Casablanca, afirmó que: 'Normalmente un enemigo acepta reconciliarse cuando ve que no puede ganar'.

En 2011 la OTAN, con una resolución de la ONU pero sin haber sido atacado ningún país de la OTAN, estableció una *No Fly Zone (NFZ)* atacando Libia. Estos antecedentes quedaron guardados en la mente de Putin hasta que en 2014 decidió invadir Ucrania, ocupando la península de Crimea. Tras la anexión de Crimea con el apoyo político y militar del Kremlin a los separatistas prorrusos en el Donbás, se inició una guerra civil con más de 10.000 mil muertos. En aquellos días era derribado por un misil Bulk ruso, en el espacio aéreo ucranian, un avión de Malasia con decenas de pasajeros de Holanda, país de la OTAN, sin reacción alguna por la Alianza al no ser Ucrania país miembro. En la *Resolución de la ONU 2014 68/262,* 100 países afirmaron su compromiso para reconocer a Crimea como parte de Ucrania, rechazando el referéndum sobre su estatuto político contra la integridad territorial de Ucrania. Muchos habitantes de las provincias del Donbás se consideran ucranianos aun hablando ruso. En el 2014, tras la invasión rusa de Crimea y violando el *Memorandum* de Budapest de 1994 y los tratados de amistad y cooperación de 1997, garantes de una paz entre Rusia y Ucrania que no mantuvieron la paz, se chantajeó a una Ucrania desarmada y amenazada con los acuerdos de Minsk que suponían la pérdida de su soberanía. Rusia consideró propias las aguas territoriales ucranianas en torno a la costa de Crimea así como las dos riberas del Estrecho de Kerch. La reacción a éstas acciones de Putin se tradujo en la OTAN con la *European Deterrence Initiative* que establecida en 2014 significaba un compromiso de despliegue en el 2017 de 4 Grupos Tácticos Multinacionales (MNBG) en los Países Bálticos y en Polonia. Cada MNBG estaba liderado por un país para mantener en los países fronterizos una presencia constante de la OTAN. Asi EEUU lidera en Polonia (integrado en la BRIMZ 15 del Ejército polaco, reforzado con una unidad británica de reconocimiento y una batería de artillería antiaérea rumana). Canadá lidera en Letonia/Latvia, en ese MNBG se integra España, junto a Italia, Polonia, Eslovenia y Albania. Alemania lidera en Lituania con Holanda, Noruega y Bélgica y Reino Unido lidera en Estonia con Francia y Dinamarca En 2015, Turquía (país de la OTAN) ante las sucesivas violaciones de su espacio aéreo reaccionó y derribando un caza SU24 ruso.

Después de la invasión rusa de 2022, en el 2023 a los MNBGs establecidos se sumaron otros cuatro MNBG desplegados y liderados por: Bulgaria/Italia, Rumanía/Francia, Eslovaquia/Chequia y Hungría/Hungría y se preveía también su escalada hasta nivel de Brigada. El *laisser faire laisser passer* de los diferentes gobiernos de EEUU/OTAN ante las acciones de Putin contra la independencia de sus colonizadas repúblicas, como Chechenia o Georgia, fue interpretado como debilidad por una Rusia pretendida ser *víctima*. Contrasta ese *laisser faire laisser passer* con el ataque de la OTAN a Serbia de 1999. Tan solo cuatro años después de su solicitud (tras la invasión rusa de 2014),en marzo de 2018, la OTAN reconoció a Ucrania como aspirante. Ucrania, sin ser miembro permanente de la OTAN, dejó de ser un país europeo no alineado y comenzaron a realizarse ejercicios conjuntos en Ucrania con países de la OTAN con otros como; EEUU, Canadá, Reino Unido y Polonia que desfilaron en Ucrania. Las protestas y sanciones fueron mínimas y, con el apoyo de dirigentes políticos alemanes, se apoyaba la construcción del nuevo gaseoducto para exportar gas ruso en 2018. Putin, valoradas como aceptables las consecuencias de su invasión y además de llevar a cabo referéndums para incorporar el Donbás, se animó a construir el puente sobre el Estrecho de Kerch entre la Crimea ocupada y Rusia. En aquel 2018 señalé en un artículo que la 'Inacción en Ucrania no era una opción' sino un mensaje de debilidad equivocado.

La llegada del presidente Biden y la retirada, a punto de convertirse en huida, de Afganistán en 2021, le mandaban a Putin un nuevo mensaje de la debilidad de Occidente. Las nuevas protestas, sanciones y despliegues tampoco impresionaron a Putin que mantenía una delegación rusa en la OTAN y acogía una delegación OTAN en Moscú entre 1998 y 2021. Mientras, en nombre de Europa, Alemania y Francia intentaban convencer a Ucrania de que asumiera los acuerdos de Minsk, es decir: terminar admitiendo la ocupación rusa de Crimea y el Donbass.

El victimismo del delincuente

Victimismo se define como: 'tendencia a considerarse víctima o hacerse pasar por tal'. Y *delincuente*: el que delinque, que comete un delito. En estos tiempos que nos ha tocado vivir la confusión; fruto de la post-verdad, media verdad, el relato falaz, la mentira deliberada y el perjurio han hecho mella importante en la información al ciudadano. Con los nuevos medios de comunicación las noticias vuelan por el globo y martillean en la intimidad de los hogares las mentes de las personas que, siempre con prisas, no se detienen a hacer un análisis para transformar la información en inteligencia. Hoy se adoptan posturas ante unas proposiciones basadas cada vez más en la autointoxicación por rencor, odio o envidia desconociendo las lecciones aprendidas por la humanidad en su progreso. El mito resiste a los hechos y se traduce en una innecesaria y dolorosa lucha provocada por iluminados autócratas que disfrazan con ideologías sus sueños y que destruyen lo que tocan.

El empleo del lenguaje como arma para la desinformación o *dejà vu* es algo ya conocido, desde el Imperio soviético donde la estabulación de las personas convertidas en máquinas productoras y consumidoras se tradujo en miseria y miedo, que hoy, bajo otro disfraz se pretende imponer también en las sociedades. Una de las fórmulas de desinformación que más hemos oído y visto desde hace algunos años ha sido la victimización de los delincuentes para *no humillarlos* y de este modo los terroristas del Estado Islámico, que torturaban y asesinaban a hombres, mujeres y niños, resultaban ser *víctimas* de los cruzados. (La invasión árabe de España fue en el 711 y la primera cruzada en el 1.096, 385 años más tarde); los terroristas marxistas secesionistas de ETA eran *víctimas* de los españoles y por ser españoles niños, mujeres y hombres tenían que ser asesinados; los secesionistas corruptos y golpistas catalanes son víctimas de una *España que les roba* mientras hunden su propia economía. El resto de los españoles dentro y fuera de Cataluña y no los golpistas han de pagar sus deudas ; los talibanes afganos por otra parte pretenden ser *víctimas* de las mujeres a las que esclavizan y matan porque son una tentación y porque demuestran capacidades intelectuales que superan a muchos hombres; las Autonomías históricamente republicanas, también son *víctimas* ya que solamente les permiten imponer un 75% de sus lenguas artificiales, panaché gramatical de los diferentes dialectos locales, multando el uso del español, adoptado secularmente como lengua franca en todas las regiones de España y América y lengua oficial del Estado. El autócrata Putin es una *víctima* de la desaparición de la URSS de ahí su ataque, asesinato, terror y pillaje, sembrados en Ucrania desde 2014 violando sus acuerdos y tratados de 1991, 1994, los dos de 1997 y el de 2003. Macron, ha sido otra *víctima* que tras fracasar más de 16 veces en sus conversaciones con Putin, fue moderando su discurso de 2022 hasta reconocer la responsabilidad total de Rusia y el derecho de Ucrania a defenderse. Por otra parte Macron manifestaba que:

> 'La separación entre Europa y Rusia es un drama. Que los americanos la deseen, están en su derecho y es su problema [...], pero no queremos el resurgimiento de una guerra fría entre Europa y Rusia.'

Un Macron realmente injusto hacia EEUU y Ucrania a la que aconsejó negociar perdiendo lo invadido desde 2014, temiendo no humillar a Putin, o sea no humillar a Hitler, un discurso que fue cambiando a lo largo de la guerra. ¿Pretendía quizá Macron liderar una Europa *víctima* de Estados Unidos? Un *victimismo* que se termina en cuanto aparece una necesidad como en Bosnia, Malí, o Ucrania. Olvidaba Macron la II GM y que la liberación de Francia en 1944 con el desembarco de Normandía había 1.527.000 soldados estadounidenses en Inglaterra y que el Día D (6/6/1944) desembarcados en Francia había 59.000 estadounidenses y 177 franceses; aterrizados 15.500 estadounidenses y 36 franceses del *Special Air Service* (S.A.S.). De 132.000 aliados desembarcados hubo más de 4.500 soldados muertos, de ellos 11 franceses. EEUU 'arrebató a España Cuba y Filipinas en 1898' pero salvó a Europa del nazismo primero y del comunismo desde 1945, con despliegues militares en Europa, su plan Marshall e inversiones en Defensa, hasta hacer desaparecer a la URSS por voluntad propia y sin pegar un tiro entre 1989 y 1991. En 2024 los desagradecidos y víctimas ahora están preocupados porque Donald Trump no se preocupe de Europa. Y también están quienes nos atemorizan con una *lógica antinuclear y de cansancio* de una guerra que no tiene una solución rápida, y promueven que Ucrania ceda a Rusia los territorios invadidos desde 2014 con la invasión de Crimea (vaciada de tártaros y repoblada por rusos). Y así: ¿tranquilidad para todos hasta continuar con Polonia o los Países Bálticos? siguiendo así una lógica de apaciguamiento. La desmilitarización de Ucrania propuesta por Putin es otra gran mentira que sigue a la desmilitarización que pidió Gorbachov a los Aliados para la unificación de Alemania en 1990. Francia se opuso pues quería que Alemania le sirviera de glasis ante la posible penetración rusa por el boquete de Fulda o que Rusia se retirara detrás de los Urales. Francia y Rusia recibieron compensaciones de Alemania por su reunificación pero 'dar oxígeno a los delincuentes alarga y agrava la enfermedad'. Dick Cheney ya alertó de la posibilidad de que un autócrata se hiciera con el poder de Rusia.

Rusia vs Ucrania:2018

Desde el encuentro de oportunidad con el *passex* del 11 de noviembre en París con motivo del aniversario del armisticio de la I GM, el pulso entre Putin y Trump continuó. El mensaje del nuevo Zar ruso, haciendo ostentación de su fuerza, era claro: *Ucrania es ruso*. El mar de Azov une el este de Crimea y el sur de las provincias secesionistas prorrusas. Como continuación de su política imperialista, en mayo de 2018, tras la inauguración del puente de Kerch, argumentando razones de seguridad y violando el acuerdo de 2003 de libre tránsito entre el Mar de Azov y el Mar Negro, Putin incrementó las inspecciones de embarcaciones a su paso por el estrecho de Kerch, retrasando los movimientos y aumentando los costes hasta 15.000 $/día de todos los buques con salida o destino de los puertos ucranianos de Mariupol y Berdiansk, claves para la exportación de acero y grano y para la importación de carbón. Después de otros incidentes, el 25 de noviembre, las fuerzas rusas de fronteras impidieron el acceso al Estrecho de Kerch a tres embarcaciones ucranianas que desde Odessa se dirigían a Mariupol. Tras largas discusiones y el abordaje del remolcador, y cuando las embarcaciones ucranianas iniciaban el regreso a Odessa, los rusos abrieron fuego causándoles varios heridos y capturando las dos lanchas y el remolcador ucraniano. Veinticuatro ucranianos fueron trasladados a Moscú y detenidos preventivamente al hasta celebración de juicio. Los rusos confirmaban el uso de la fuerza con esa detención ilegal y el resultado de tres marineros ucranianos heridos así como el envío de dos cazas y dos helicópteros rusos a la zona.

Ucrania había informado previamente a los rusos de su plan de movimientos algo que negaron las autoridades rusas y según la cartografía de las autoridades ucranianas, en el momento de ser apresadas sus embarcaciones, éstas se encontraban fuera de las aguas territoriales de la Crimea ocupada. El FSB (ex-KGB) de Crimea pretextó que los ucranianos maniobraban peligrosamente y se negaron a obedecer como una provocación para crear un conflicto artificial en la región.

Alexéi Volkov, Director general de Puertos marítimos de Crimea ocupada por Rusia y encargado del tránsito marítimo en la zona afirmó que:

> 'Tras la incursión de la Armada ucraniana en sus aguas territoriales (ocupadas a Ucrania). El paso a través del estrecho de Kerch para los barcos civiles queda cerrado'.

Con este falso comunicado se trataba de hacer asumir como normal que Crimea (ucraniana), invadida por Rusia incluidas sus aguas territoriales, fuera *legalmente rusa* aplicando una legislación internacional violada previamente. El artículo 123 de la *Ley del Mar* en la Convención de la ONU, deja claro que ambas naciones tienen igual derecho y deben cooperar incluyendo el acceso al estrecho. Rusia, legalmente no tenía derecho a interrumpir el tránsito de buques ucranianos o con destino de llegada o salida a puertos ucranianos por el estrecho de Kerch. La UE condenó el uso de la fuerza de Rusia en el Mar de Azov afirmando que: 'la UE permanecería unida en su apoyo a Ucrania' reclamando a Rusia que restaurara la libertad de paso interrumpida por el estrecho de Kerch llamando a ambas partes a la contención. El entonces presidente Poroshenko pidió a la OTAN desplegar barcos en la zona y aunque Ucrania aún no era miembro permanente, los miembros de la OTAN expresaron su condena por la acción rusa. La OTAN apoyaba por completo la soberanía de Ucrania y su integridad territorial incluyendo el derecho de navegación en sus propias aguas territoriales e hizo un llamamiento a Rusia para asegurar el acceso sin obstáculos a sus puertos en el mar de Azov. El comunicado de la OTAN a Rusia decía:

> 'No existe justificación, para que Rusia usara la fuerza militar contra embarcaciones y tripulaciones ucranianas. Hacemos una llamada a Rusia para que, sin más tardar, libere las tripulaciones y embarcaciones (27/11/2018)'

Los presidentes Trump y Merkel culparon del incidente a los rusos y reclamaron la inmediata liberación de las tripulaciones ucranianas y la devolución de las embarcaciones.

Según Merkel la restricción violaba el acuerdo de 2003 de libre tránsito, sin embargo no descartaba el diálogo con Putin en el G20 pues los mandatarios no creían en una solución militar. Putin justificaba su respuesta de *disparar y apresar* argumentando que las embarcaciones ucranianas habían entrado en *aguas territoriales rusas* pero obviando decir que las había ocupado y que la decisión de Poroshenko de pedir al parlamento: 'declarar la ley marcial durante 30 días por *un simple incidente* era exagerada pues no había declarado la ley marcial en el conflicto en 2014. Un ametrallamiento directo, capturando embarcaciones oficiales de otro país y encarcelando a los tripulantes era una clara acción de guerra que implicaba una nueva escalada y una advertencia para todos los países del este de Europa. Por otra parte si Rusia y Ucrania estaban en guerra, los capturados eran prisioneros de guerra y no se les podía acusar de incumplir una orden administrativa que, dadas las características y armamento de las embarcaciones, no suponía ninguna amenaza creíble para los buques rusos en la zona. A causa de estos incidentes, diplomáticos de Alemania, Rusia, Francia y Ucrania se reunieron en Berlín, para abordar la escalada de tensión entre Kiev y Moscú. Rusia, abrió el tráfico marítimo por Kerch. El mensaje ruso estaba claro para todos los países del centro de Europa, especialmente Polonia y los Países Bálticos: "besa la mano que no puedas cortar" o sea llevaos bien con Rusia que lleva la iniciativa. Mirad lo que podéis esperar de la OTAN y de EEUU. Como el diálogo con delincuentes suele acabar mal hubo que exhibir la fuerza, único lenguaje que Putin entiende. En el escenario de España ¿estamos preocupados por la expansión del Gibraltar inglés y de sus aguas territoriales a costa de la soberanía nacional española? ¿o por las amenazas de las regiones secesionistas?.

El concepto de libertad de los mares fue violado en 2018 y también en 2022 con el cierre del Mar de Azov lo que provocó el consiguiente hundimiento económico de la costa ucraniana y el acceso libre para Rusia a las provincias secesionistas. Rusia había empleado la guerra híbrida en Ucrania a un nivel gris de conflicto. Aunque con un potencial militar muy superior al ucraniano, Rusia prefirió desde el 2014 evitar un conflicto abierto, sin descartar una respuesta contundente hacia Ucrania en caso de reacción para lo cual Rusia desplegó más misiles tierra-aire en Crimea. Para crear confusión, se acusaba al presidente ucraniano de promover el conflicto de cara a las elecciones con troles de desinformación que sembraban dudas en las redes sociales.

En este contexto de provocación, Putin pregonaba un nacionalismo y unos principios de moralidad cristiana ortodoxa contrarios a doctrinas que se iban imponiendo en Occidente tales como el; aborto, eutanasia, o las políticas transgénero que creaban confusión. Por otra parte no admitía oponentes en la política, prensa o en la economía y enviaba a sus sicarios para acabar con ellos, además de arrasar ciudades como Grozni o Alepo. Putin ganaba electorado pero Rusia, como país, iba perdiendo credibilidad y la oportunidad de integrarse como gran potencia en Europa y el mundo occidental. La iglesia ortodoxa rusa se alineaba con el régimen contra Ucrania pero la iglesia ortodoxa ucraniana se apartó de la rusa. Algunos monjes ortodoxos rusos fueron expulsados de Ucrania por su conexión con la inteligencia rusa. El último incidente armado en aguas de Crimea era un test de reacción político militar previo a un posible conflicto internacional. El desafío era claro y la inacción de Occidente fue un mensaje equivocado. Meses atrás se anunciaba la posibilidad de que algún buque de guerra de EEUU visitara algún puerto ucraniano del Mar de Azov ya que, según los acuerdos previos a la invasión rusa de Ucrania, las aguas debían ser compartidas bastando con avisar al otro país para el tráfico. Rusia lo negó esgrimiendo que *su puente* podría ser atacado.

En el desfile de las fuerzas armadas ucranianas del año 2018 participó una representación de países de la OTAN: EEUU, Canadá

Reino Unido y Polonia. El conflicto continuó y la presencia de fuerzas de EEUU en la zona del Mar Negro y este de Europa, se mantuvo un tiempo. La presencia testimonial de EEUU en Ucrania se concretó en efectivos de la Guardia Nacional para el adiestramiento combinado en el Centro de Adiestramiento de Combate (CTC) de Yavoriv, similar al de Hohenfels en Alemania. La Sexta Flota norteamericana no mantenía una presencia permanente en el Mar Negro pero sí una presencia rotatoria de sus buques. A lo largo del año 2018, cuatro destructores portamisiles (James E. Williams, Carney, Ross y Porter) operaron en el Mar Negro, con escalas en Bulgaria y Rumanía, en el marco de la operación OTAN *Atlantic Resolve* de defensa colectiva en el Mar Negro. El Carney, con base en Rota (España), permaneció cinco días en el puerto ucraniano de Odessa durante el mes de enero. En julio el buque de mando de la Sexta Flota Mount Whitney entraba en el Mar Negro para participar con Ucrania en el ejercicio anual *Sea Breeze*, enfocado en operaciones de interdicción, defensa aérea, lucha antisubmarina, control de daños, búsqueda y rescate y operaciones anfibias. En este ejercicio, una compañía de marines reducida se adiestró en combate mecanizado en Ucrania lo que dio lugar a protestas rusas alegado que la proximidad a la zona de conflicto no ayudaría a estabilizar la situación pero no hubo tensiones. También sin personal permanente en Ucrania la Fuerza aérea de EEUU llevó a cabo en el 2018 varios ejercicios en Ucrania siguiendo la programación iniciada por los antiguos países del Pacto de Varsovia: *Partenariado por la Paz* (PfP) 25 años antes. En el Ejercicio multinacional *Clear Sky 2018*, acogido por Ucrania en octubre del 2018, se ejercitaron misiones de CAS, Cyber Defensa y Defensa del espacio aéreo nacional además de ejercicios de Operaciones Especiales de Rescate y CCT. El sistema rotatorio de unidades, que también se emplea en las misiones de pacificación, permite que más unidades conozcan la zona, que no se desgasten y no se establezcan bases permanentes con familias lo que supone un menor compromiso de permanencia.

Ante el aumento de países con armamento nuclear como; China, Israel, India, Pakistán y Corea del Norte que no habían suscrito tratados sobre misiles con alcance de 500 a 5.500 Km -como el de 1991- junto con el rearme ruso, muy enfocado hacia los misiles y vehículos hipersónicos (como el Avangard 27 Mach), que podrían evitar las defensas EEUU, en el 2018 se denunciaron los tratados como el de 1991 en Europa por EEUU. Parece claro que la situación, cada vez más de guerra fría, requiere la revisión e implantación de Reglas de Enfrentamiento (ROEs) que detallen las amenazas, controlen la respuesta oportuna y eviten una escalada en cualquiera de los campos de acción. En febrero de 2022, la presencia aérea, naval y terrestre de fuerzas de EEUU y la OTAN había desaparecido de los espacios terrestres, aéreo y marítimo de Ucrania. En este escenario y con estos antecedentes, ¿quién era la víctima y quién el provocador? ¿cuál sería el paso siguiente de Putin si cayera Ucrania? ¿le valía la pena a Rusia? ¿un conflicto enquistado? ¿qué suponen para el zar Putin las más de 395.000 bajas rusas / muertos a fecha de 14/2/2024? ¿o las pérdidas de bienestar y desarrollo en Rusia por la economía de guerra? a Rusia no le conviene pero para Putin las tropas son carne de cañón.

Ucrania a 25/2/2022

Culpar a la OTAN es una excusa para ignorantes o *kremlinófilos* que no quieren ver que antes de Ucrania Putin ha ido atacando, invadiendo o amenazando a; Georgia, Chechenia,

Ucrania, los Países Bálticos o Polonia, y afirmar que desde el principio de las hostilidades Rusia se enfrentaba a la OTAN no fue sino una artimaña de Putin para justificar su fracaso ya que sabía que, con el alcance de los misiles de la OTAN no necesitaba a Ucrania para atacar a Rusia. De haber intervenido, la aviación de la OTAN en Ucrania la invasión rusa habría quedado aniquilada. Sobre la base de supuestos derechos históricos y con amenazas, Putin se mostraba ante Rusia y Occidente como *salvador de minorías rusas* supuestamente discriminadas por supuestos nazis lanzando una invasión en Ucrania que dividió las fuerzas de EE.UU entre Europa y el Indopacífico. China e India lo han agradecido comprando gas y petróleo rusos barato aminorando así las sanciones como ocurrió durante el embargo de diez años a Sadam Hussein. Donald Trump criticó en Gales en 2014 la poca inversión en Defensa de los países de la OTAN que se habían comprometido en el 2023 en Vilna a invertir al menos el 2% de su PIB aunque solo siete de treinta países lo cumplieron y mientras se hablaba mucho de una *defensa europea*, España por porcentaje de PIB para Defensa, se encontraba en el puesto 29 de los 30 países de la Alianza, solo delante de Luxemburgo. La invasión de Putin mandaba una advertencia a todos los países fronterizos con Rusia así como un mensaje de ser un socio fiable y fuerte a los países de África y de Hispanoamérica. En febrero de 2022 ya iba fallando la diplomacia y la disuasión militar que requería capacidades y voluntad de compromiso por parte de la OTAN y EEUU. Al no poner medios de disuasión contundentes la guerra continuó y empeoró. Las circunstancias empeoraron desde octubre de 2023 con un nuevo escenario de guerra en Oriente Medio entre Israel e Irán y sus *proxys* terroristas que debilitaron el apoyo a Ucrania. El vacío moral del liderazgo occidental dio señales de debilidad algo recientemente visto en Afganistán.

Aproximación a la guerra en Ucrania (7/3/2022)

A la luz de los acontecimientos conocidos, la invasión de Ucrania no ha sido una sorpresa. En el 2022, el Putin defensor de la independencia de las provincias secesionistas y sus amagos de despliegues a otras zonas del país distraían a una fuerza ucraniana importante en el este. Sin reacción occidental clara, invadió Ucrania por el sur y este con siete ejércitos. La invasión de Putin se decidió tras explorar la capacidad de respuesta de los políticos de EEUU y los aliados de la OTAN a lo largo de los años, rubricada por la retirada de Afganistán. A pesar de haber participado y acogido maniobras y unidades de la OTAN desde 2018 se abandonó a Ucrania a su suerte con un apoyo tardío e insuficiente. ¿Se esperaba que Ucrania se rindiera?, a las 72 horas, cuando la agencia Novosti publicaba que Ucrania ya no existía, que era lo previsto tras la toma la capital y la captura del presidente Zelensky con su gobierno, desde el frente informaban a Putin que había fracasado frente a Kiev, centro de gravedad de la invasión, a pesar de emplear sus mejores unidades aerotransportadas, acorazadas y con material moderno. Putin había perdido la iniciativa y fracasaba su pretendido *paseo militar* como en Crimea. La lista de fallos era larga: de inteligencia, de sorpresa, de acción de conjunto y concentración de esfuerzos, falta de superioridad, supresión de defensas aéreas y de apoyo aéreo, fallos de cálculo de capacidad logística de itinerarios, con mapas de 1991 no actualizados, de abastecimiento de combustible, de material caducado, –neumáticos o GPS- desorientación, falta de coordinación, de transmisiones analógicas vulnerables, de falta de flexibilidad y vulnerabilidad del ferrocarril, abandono carros y vehículos de combate por falta de combustible, raciones escasas y caducadas, usando GPS comerciales sujetados con cinta americana en los aviones.

Un Putin nervioso, para amedrentar a un liderazgo occidental de mercaderes, aún sabiendo que la destrucción mutua estaba asegurada, lanzaba sucesivas amenazas de empleo de armas nucleares contra los países de la OTAN si intervenían y también a Finlandia y Suecia todavía fuera de la Alianza. Como Putin esperaba, no hubo respuesta clara y así continuó con su ofensiva. Ante el autócrata y su órdago nuclear solamente quedaba una respuesta dirigida contra él y la DUMA, similar a la que sirvió durante más de cincuenta años de Guerra fría, la respuesta sería la *destrucción mutua asegurada.* En Corea, Vietnam, Cuba no hubo ataques nucleares. Las pruebas intentaban mostrar la voluntad de empleo y Rusia avisaba de la *prueba*: ICBM Sarmat, Francia *probaba* un misil sin cabeza nuclear aire-tierra y EE.UU anunciaba y cancelaba la *prueba* de un misil: ICBM Minuteman con capacidad nuclear. El riesgo nuclear estaba en la mesa pero ya en febrero de 2022 manifesté que aunque era Putin y su cadena de mando quienes pueden ordenar su empleo, era poco probable. Putin esperaba que los débiles occidentales se hubieran dividido empujando a Zelensky a ceder. La aviación rusa, con su posibilidad de ataque a tierra, imprescindible en su modelo de guerra relámpago de 1939, no alcanzó la superioridad y menos la supremacía aéreas en Ucrania. Rusia carecía de suficientes bombas guiadas y misiles aire-aire y temía la artillería antiaérea ucraniana y así no logró la Supresión de Defensas Antiaéreas Enemigas (SEAD) un apoyo a tierra (CAS) ni interdicción del campo de batalla (BAI) suficientes. Se había producido una sorpresa mayúscula tanto en el campo occidental como en el de Putin, Ucrania había resistido la embestida de la tercera potencia militar mundial gracias a su voluntad de vencer, capacidad de improvisación y sus lecciones aprendidas desde 2014 así como su libertad de acción gracias al planeamiento y las cualidades de; adherencia, adaptación, flexibilidad y fluidez, que los reglamentos españoles marcan a la Infantería. A Ucrania se le había negado el suministro de armas pesadas durante ocho años para *evitar una escalada de la guerra* ante un Donbás alimentado por Rusia con armas, personal y dinero pero ante el despliegue previo al asalto ruso en 2022, hubo que iniciar el apoyo a Ucrania en armas colectivas ligeras contracarro (C/C) tipo Javelin (más 20.000 Misiles C/C USA, Alemania, Reino Unido, Suecia y España RPG C-90) además de misiles tierra-aire (SAM) tipo Stinger y con un apoyo clave de EEUU en (C4I) Mando, Control Comunicaciones, Cyber e Inteligencia lo que permitió al ejército ucraniano planear y actuar sobre datos concretos manteniendo comunicación vía satélite con todos los escenarios a pesar de los ataques tanto a los repetidores como a las redes de internet. Por su cuenta Ucrania había duplicado su artillería- tubo, cohete y misil respecto a 2014 con lo que pudo detener inicialmente a la afamada artillería rusa y su empleo en masa hasta recibir artillería occidental como HIMARS, CAESAR móvil e inteligente.

Por otra parte el 27º regimiento MLRS con Uragan se convirtió en una Brigada; se creó el 32º Regimiento MLRS con Uragan; el Regimiento 107 MLRS con Smerch se convirtió en una Brigada; la Brigada de misiles 19 agregó dos batallones de misiles Tochka-U hasta cinco; se crearon y dotaron con obuses remolcados Giatsynt-B, Msta-B y D-20 las Brigadas de artillería de tubo 40, 44 y 406; también se estableció la Brigada de Artillería Pesada 43 con el Pion SPH de calibre 203 mm. Todas las Brigadas recién formadas de Tierra (siete), Armada (dos) y de Asalto Aéreo (seis) recibieron sus propios grupos de artillería de brigada. Además de todos estos pasos, se establecieron dos Brigadas de artillería (38 y 45) con sistemas Giatsynt-B y Msta-B como parte del Cuerpo de Reserva estratégico.

Putin consideraba a Gorbatchev y Yeltsin como traidores pero él mismo ha sido quien ha traicionado a todos los líderes de la URSS desde Stalin pues todos buscaron en la Guerra fría llegar a acuerdos con EEUU sobre armas nucleares y sus vectores. Ante el apagón informativo de Putin la información del resto del mundo a la población rusa sobre los riesgos de la amenaza nuclear llegó tarde y distorsionada. Winston Churchill expresó su inquietud ante la expansión nazi ahora aplicable a Putin:

> 'Esto no es más que el primer sorbo, el primer anticipo de una copa amarga que nos ofrecerán trago a trago, a menos que, mediante una recuperación suprema de la salud moral y el vigor marcial, volvamos a levantarnos y a adoptar nuestra posición a favor de la libertad, como en los viejos tiempos (...) Os dieron a elegir entre el deshonor y la guerra... elegisteis el deshonor, y ahora tendréis la guerra'

Situación de la guerra en Ucrania a 16 /10/ 2022

No se puede vivir bajo un permanente chantaje. La estrategia inicial de Putin fue emplear una importante fuerza en personal (más de 200.000 hombres) y material (más de 3.000 CC) atacando con siete ejércitos inconexos y sin protección de sus transmisiones (COMSEC), con métodos de la Guerra fría, procedentes de la Guerra Relámpago alemana de la II Guerra Mundial, con miles de carros de combate (MBT/tanques) y asalto aéreo sobre Hostomel, aeropuerto próximo a Kiev. Polonia se convirtió en la principal tierra de acogida de los refugiados ucranianos que llegaron a totalizar siete millones en varios países. Los Países bálticos también vieron también con temor la invasión rusa, y Finlandia y Suecia, conocedores del oso ruso ingresaban en la OTAN. Los *grandes* países europeos Francia y Alemania abogaban por dejar Crimea a Putin sin rechistar. ¿Hubieran regalado Francia Alsacia y Lorena o Alemania la Baviera? En marzo del 2022 las bajas rusas (muertos más heridos) en menos de un mes llegaban a 12.000 y en octubre a más de 65.000 (22.000 muertos) más de diez generales y cientos de oficiales muertos y más de mil soldados ejecutados (como con la orden 227 Stalin), incinerados, enterrados en fosas comunes, o abandonados; 2.500 CC y 5.000 vehículos blindados perdidos, 265 aviones y 235 helicópteros derribados y un ataque a su puente de Kerch. Putin estaba de nuevo contra las cuerdas y cambió su estrategia pasando a la I GM con el empleo de masas de artillería tubo, cohete y misiles y drones sobre las ciudades. Los soviéticos en diez años en Afganistán tuvieron 14.453 muertosaunque según otras fuentes fueron: 26.000 incluyendo 3.000 oficiales. EEUU/OTAN en veinte años en Afganistán tuvieron: 3.586 muertos (EEUU 2.455). En 2 años, febrero de 2024 Putin habrá *conseguido* 400.000 bajas rusas (133.000 muertos).

Con falta de alcance para contrabaterías los ucranianos aguantaron heróicamente hasta que el presidente Biden, que no autorizaba el paso de los aviones Mig 29 de los países de la OTAN a Ucrania, despertó y entonces empezaron a llegar materiales pesados de artillería remolcada pero también MLRS e HIMARS. Tras EEUU; Reino Unido, Noruega, Alemania, Francia y otros países aumentaron su apoyo en material pesado MLRS y CC/MBT. El consejo de ceder territorio de Ucrania dio paso al de ceder armamento. Con cuentagotas empezó a llegar a Ucrania la munición procedente de las reservas de los propios ejércitos de los países de la OTAN que, a excepción de EEUU, estaban muy por debajo de las reservas de guerra necesarias para cada arma. Se fueron vaciando también las reservas de guerra de Rusia y también de los demás países. Se hizo patente en los países europeos, empezando por Alemania y Francia, (sin mencionar a España), la minúscula capacidad de defensa para afrontar una guerra convencional. Esta falta debiera servir para los países que desean la paz y no la esclavitud. Putin volvió a perder la iniciativa y la pretendió recuperar con ataques contra la población civil e infraestructuras, con drones iraníes y misiles tierra-aire (SAM) o antibuque (NSM) reconvertidos a tierra-tierra (SSM). Esta transformación era un indicativo de que sus reservas no eran muy boyantes. Según el Pentágono en los primeros once días de la invasión Rusia lanzó 600 misiles. A principios de agosto de 2022 Rusia habría lanzado 3.650 misiles, que en octubre podrían llegar a 4.200, de diferentes gamas y desde diferentes plataformas, terrestres navales y aéreas. O. Danilo Secretario nacional de Defensa y Seguridad de Ucrania afirmaba que Rusia habría usado 2/3 de los misiles de alta-precisión que tenía el 24 de Febrero. Los carros T62 de los años 60 y anteriores rusos fueron modernizados para mantener la masa acorazada (13.200 CC en 2021) y para aprovechar la munición de diferente calibre de sus polvorines para emplearlos como artillería defensiva o cañones de acompañamiento. Y de nuevo apareció el fantasma de la amenaza nuclear *táctica* para hacer frente a posibles objetivos limitados: masas de carros, -boquete de Fulda en la Guerra fría- una compañía, una infraestructura o una población. Los Pershing, Lance, Pluton, Hades son de aquella época y pronto fueron desechados pues la amenaza nuclear táctica terminaba en una escalada nuclear estratégica. No obstante se planearon y existen respuestas de destrucción convencional y de respuesta nuclear. Aparecieron también como posibles objetivos rusos las centrales nucleares Chernobyl o Zaporizija y las armas nucleares *sucias.* Sin embargo, a efectos tácticos, no ha habido indicio desde febrero de 2022 a enero de 2024 de que las unidades de Putin en Ucrania estén preparadas o equipadas para una guerra nuclear. Tampoco se apreciaron en las unidades rusas separación de las ucranianas ni abandono de espacios.

Ante esta amenaza Occidente respondió reactivamente a las diferentes acciones de Putin. Ante los últimos ataques se ha reforzado la capacidad antiaérea ucraniana frente a drones y misiles rusos que buscan la saturación de la Defensa Antiaérea. Los compromisos de abastecimiento ya se extienden a tres años lo que es un indicativo, junto con las sociedades occidentales estableciéndose en Ucrania, de un futuro fin de la guerra no inmediato. Putin responsable hasta octubre de 2022 de más de 100.000 bajas entre las fuerzas militares rusas y ucranianas, además de crímenes de guerra de todo tipo sobre personal e infraestructura civil, se sumaba la disrupción de la economía nacional. Hasta octubre de 2022 en ocho meses la producción de gas cayó un 37,5%. El principal gaseoducto con China no estaba conectado con los campos de producción y el nuevo aún no había recibido la aprobación china. Finalmente Putin entraba ya en una *economía de guerra* para lo que iba a ser una *operación especial*. El descontento en el interior de Rusia aumentó junto a las detenciones y asesinatos de opositores, de las familias de los 133.000 soldados muertos que desconocían su paradero y muchos fueron abandonados en el terreno. Putin podría haber detenido la guerra pero sin embargo aumentó la represión. Cuanto más tarde sea la reacción para expulsar a Putin peor será para el pueblo de la Federación Rusa.

En Febrero de 2024 Putin era responsable de más de 200.000 muertos y 450.000 heridos entre rusos y ucranianos. En la I GM cayeron los Imperios austrohúngaro y otomano, la II GM acabó con el Imperio británico y las colonias francesas. Esta guerra va a descomponer la Federación Rusa.

¿Representan los gobiernos y sus dirigentes a los pueblos?

Aunque es difícil juzgar, hay que separar a los pueblos de sus gobernantes (Hitler-Alemania / Stalin-Rusia / Castro-Cuba / Maduro-Venezuela/ Kim Jong-un -Corea del Norte) y constatar que una urna no equivale a tener democracia en un país. En este sentido los rusos llevan sufriendo a sus gobernantes

Durante siglos. La División Azul española lo comprobó en Rusia con sus buenas relaciones con el pueblo ruso no con los gobernantes comunistas. Los españoles para medir nuestra democracia podríamos evaluar también a nuestros gobernantes analizando aspectos como su; conocimiento, preparación, responsabilidad, eficacia, ausencia de corrupción, y otros como; limitación de libertades, imposición de ideologías, alianzas con enemigos de España internos o externos o fractura de la nación.

¿Representa el gobierno de Putin a Rusia? Putin y su invasión no es el alma rusa, ni Dostoievski, Tolstoi o el ballet Bolshói ¿Apoyan los españoles el terrorismo? Obviamente no. Sin embargo en el 2023 los españoles y España, padecen un gobierno cuya amistad con comunistas, secesionistas y exterroristas no arrepentidos fracturan el país internamente y lo hunden internacionalmente. Putin, con décadas en el poder del país más grande del mundo con una extensión de17.125.191 km² y las mayores reservas de recursos energéticos y minerales del mundo aún sin explotar en los territorios de la Federación (85 regiones federales) que administra pero a las que no sirve, ha sido incapaz de aumentar el bienestar de sus 145,5 millones de ciudadanos, más allá de los feudos de San Petesburgo o Moscú como lo recordó el líder de Tayikistán. Las bajas rusas son proporcionalmente más altas cuanto menor es el desarrollo de sus repúblicas pues para escapar del subdesarrollo los jóvenes reclutas optan por alistarse en el ejército, una solución arriesgada. En febrero de 2022 antes de a la invasión Putin sustituyó a más de 1.000 personas de su servicio próximo ¿miedo a ser asesinado? y se rodeó de un grupo de confianza: Shoigu (MINDEF), Gerasimov (JEMAD), Patrusev (Consejo de Seguridad), Bortnikov (Servicio Federal Seguridad FSB) y Narishkin (Inteligencia Exterior SVR). Putin organizó una purga contra oligarcas contrarios a sus políticas que huyeron los que pudieron y otros fueron asesinados con sus familias como en Cataluña donde se movían sus sicarios. La valoración de las vidas de los ciudadanos rusos no ha variado desde Lenin en la I GM, pasando por Stalin y su picadora de carne durante la II Guerra Mundial y, en la actualidad, un Putin que prosigue con el desprecio de las vidas de los ciudadanos que son únicamente carne de cañón.

Desde febrero de 2022, las mejores unidades rusas combatiendo en y con superioridad frente a Ucrania en el intento de tomar Kiev, sufrieron bajas de hasta el 50% y el 70%. Sin pausa operacional para reconstituir unidades, cubrieron bajas con personal poco instruído perdiendo así la iniciativa a pesar de su superioridad de medios en los frentes norte, sur y este. La pérdida sucesiva de Jarkov en septiembre y Kherson en noviembre llevaron a Putin a decretar la movilización de cientos de miles de reclutas lo que provocó la huida del país de cientos de miles. La movilización selectiva y parcial, que debía hacerse en dos semanas, mostró vulnerabilidades como la escasa acogida de los posibles afectados por la movilización. La supuesta selección fue un fiasco burocrático (personal sin experiencia militar previa, sin condiciones de salud, sin las capacidades buscadas o padres de familias numerosas). Además, en teoría, los reclutas no podrían ser enviados fuera de la Federación, pero como Putin había incorporado a la Federación cuatro provincias además de Crimea, el despliegue no se consideraba en el extranjero. Los nuevos reclutas deberían haber pasado cinco meses de instrucción antes de ser desplegados a una zona caliente pero los movilizaron tras solo una semana. Apenas equipados con armamento y sin instrucción alguna, fueron enviados al frente donde pronto fueron capturados o muertos. Por otra parte *al no existir una guerra declarada*, debería haber un licenciamiento de los que ya tenían experiencia de combate aunque, como ocurrió previamente a la invasión y en primavera, se forzó a los soldados a firmar prórrogas mediante pagas o amenazas. La baja moral rusa se traducía en suicidios, motines, sabotajes de material, deserciones, ejecuciones por sus oficiales. Las administraciones de la Federación se vieron obligadas a reclutar y pagar los gastos de una guerra no declarada. Se produjeron ataques y sabotajes continuos a centros de reclutamiento, como el ataque suicida en un Centro de Instrucción en Belgorod junto a la frontera con Ucrania que dejó al menos once muertos planteando al gobierno la existencia de una inseguridad interna creciente. A los 134.500 reclutas por movilización en la primavera de 2022 y los 120.000 de otoño, se sumó el reclutamiento de las cárceles por el jefe del grupo sicario Wagner. Esta saca de delincuentes dejó un buen número de desertores armados que regresaron a Rusia formando bandas para delinquir.

En 2024, perdida la iniciativa por falta de recursos, Zelensky se resistió a la petición militar de movilizar para relevar sus fuerzas que llevaban dos años de guerra y reforzarlas. Y se produjo el cese del Comandante militar Jefe (JEMAD) Zaluzhnyi. Putin ante un estamento militar del que no se fiaba, empezó a utilizar a los chechenos fanáticos de Kadyrov y a los sicarios del Wagner de Prigozhin que le reclamaban más eficacia y el cese de mandos militares incluido el ministro de defensa Soigu, que no era militar de profesión. Continuó jugando con Prigozhin para descubrir a los jefes militares críticos para después asesinarlos. Resultaba previsible en octubre de 2022 que dada la carencia de medios humanos y materiales así como la baja moral de las tropas, se produjera una actitud rusa defensiva terrestre en la primavera, con una baja actividad de contacto para distraer a las fuerzas ucranianas en todos los frentes, incluido el de Kiev manteniendo despliegues en Bielorrusia. Para Ucrania, sin recibir más apoyo occidental, la defensiva rusa supuso un mayor empleo de fuerzas y medios que no tenía para desalojar a los rusos de su territorio.

Rusia padece una desinformación continuada en Rusia (10/11/22)

En las operaciones militares resulta clave el secreto (OPSEC) y es normal no saber pero la desinformación es en sí misma una Operación de influencia. La desinformación sobre la guerra en Ucrania prosigue. Al pueblo ruso se le engaña, movilizando y mandando al frente a tropas sin preparación, llamando *operación especial* a lo que es una guerra. Putin engaña o destruye a los llamados *hermanos rusos ucranianos de una Ucrania que nunca existió.* Las deportaciones de poblaciones y secuestros de niños ucranianos han sido frecuentes como en el pasado soviético. El pueblo ruso, más allá de un orgullo histórico y victimismo está sufriendo la fracasada transición a una economía de mercado a manos de oligarcas del Partido comunista y los Servicios de inteligencia. La Federación Rusa está sometida a un comunista nacionalista que la empobrece. Existe quizás un interés maquiavélico por ver una operación a largo plazo por parte de EEUU para vencer a Rusia. Por el contrario un EEUU cansado que se estaba desconectando de Europa e insistía en que los países europeos aumentaran sus presupuestos de defensa y así centrarse en los riesgos y amenazas en el Pacifico. La invasión rusa de Ucrania ha presentado la actual incapacidad de disuasión y defensa europeas como ya ocurrió con la ONU/UNPROFOR en Yugoslavia cuando EEUU se vio obligado a intervenir.

Los *putinófilos europeos realistas* sólo piensan en una alianza contra EEUU y a Rusia como contrapeso un discurso poco asumido por los *europeos beneficiados* con una ocupación ruso-soviética de más de 40 años para quienes Rusia ha demostrado una vez más ser un peligro real.Hay también una propaganda multidireccional que presenta a Rusia ante la derecha como defensora de los valores tradicionales de la civilización europea, de la soberanía de los Estados vs la Unión Europea y ante la izquierda con un mensaje anticolonial europeo. Pero las evidentes acciones antidemocráticas como: la invasión de un país soberano, crímenes de guerra, bombardeo de ciudades, envenenamientos, suicidios putinescos o encarcelamiento de opositores políticos, económicos o mediáticos, de los que nadie quiere acordarse, refutan su propaganda. Puede haber algún bien pensante pero hay muchas partes interesadas, por sus relaciones previas o actuales con Rusia, dedicadas a torpedear, desde Europa e incluso EEUU, la voluntad de vencer de Ucrania y sus apoyos europeos, americanos, y oceánicos. El dinero ruso, aunque estaría mejor empleado en el desarrollo del país, riega el mundo de los oligarcas, centros de decisión, *thinks-tanks* y medios de comunicación. Putin presumía años atrás ante un ministro de Asuntos Exteriores occidental de que Rusia *podría comprar a cualquiera en EEUU o Europa*. En España el gobierno frentepopulista ha jugado a dos bandas; entregaba a Ucrania un mínimo del escaso arsenal militar disponible aparcado, al tiempo que compraba más gas a Putin y se completaba la aportación a Ucrania con instrucción de sus militares en España.

El clima de la política actual recuerda en Europa, junto a la depresión del 1929, la decepción del parlamentarismo de los años 30 y el entusiasmo por los socialismos, comunista de Stalin, fascista de Mussolini y nazi de Hitler. Hoy son decepcionantes la ineficacia de los gobernantes, la corrupción moral y material en política, el empobrecimiento de la clase media, los ninguneos, imposiciones políticas y mentiras a los votantes,las leyes nazis de eutanasia, de aborto, de experimentos humanos de género y las migraciones descontroladas. La Sociedad de Naciones desapareció por su fracaso al no impedir la II GM siendo sustituida por la ONU que se ha esforzado en imponer ideologías tales como la agenda 2030 que debilitan a las naciones occidentales pero que ha fracasado en su misión principal de *evitar las guerras, con poca implicación contra las dictaduras, e irrelevante para detener la agresión de Rusia.*

La ONU ha sido manifiestamente injusta al no condenar con firmeza el terrorismo en todo el mundo. El último escándalo se ha producido ante la inhumana masacre en Israel cuando, habiendo permitido la siembra del odio ante sus ojos, justificaba el terrorismo de Hamás ante la pasividad, como en Ucrania, de un viciado Consejo de Seguridad. En el tema militar, ocupados en misiones de paz y contraterrorismo, la política militar en Europa es de mínima defensa,sin fuerza, sin materiales, sin servicio militar y sin movilización ante un conflicto de alta intensidad. La defensa nunca ha sido resolutiva y sí un peligroso vacío. El negocio de las armas es el axioma adoptado para decir que causan las guerras y la muerte pero desde que Caín matara a Abel con una quijada, las lapidaciones todavía actuales, hasta la tragedia de Ruanda en 1994, con aproximadamente 500.000 muertos a machetazos, son muchos los ejemplos que muestran que lo que mata es la voluntad con lo que se tiene a mano. Las enfermedades no las causan los médicos. Son los principios morales los que pueden regular las voluntades. Las voluntades reguladas desde la soberbia, mentira, avaricia, envidia por bastardos intereses materiales, mitos, rencores, odio que son la causa de enfrentamientos.

La Intervención en Ucrania a 10/1/2023

Es imposible predecir cómo y cuándo terminará la guerra de Rusia contra Ucrania. Hasta febrero de 2022, para gobiernos, organizaciones e incluso ciertos militares de las fuerzas armadas una guerra convencional de alta intensidad era irreal. Ciudadanos y gobernantes nadando en el bienestar y dispersos en ideologías engañosas perdieron la sensibilidad para identificar riesgos y voluntad para afrontar amenazas para la seguridad nacional con la debida preparación y recursos suficientes ante una escalada bélica en una atmósfera de disuasión, crisis y guerra. La evolución de las fuerzas estadounidenses en Europa ha sido: 1991/300.000; 2020/64.000; 2022/ 100.000 son una muestra de la situación. La guerra iniciada en 2014 en Crimea (ucraniana) como una *operación quirúrgica de hombrecillos verdes sin emblemas*, se prolongó en una guerra de baja y media intensidad en el Donbás, se amplió luego bloqueando el Mar de Azov en 2018 e intensificó convirtiéndose en en 2022 en una *invasión*, llamada *operación especial* pretendidamente quirúrgica pero que en realidad es una *guerra de alta intensidad*. La comunidad internacional enfocada en el conflicto híbrido de baja intensidad en Donbás, suscitado y alimentado por Rusia con armas y fuerzas especiales (Spetsnaz del GRU y agentes del FSB y MVD), fue aceptando la ocupación ilegal rusa de la península de Crimea, el cierre del Estrecho de Kerch, el bloqueo de los puertos ucranianos en el Mar de Azov, el ataque a la Armada ucraniana, la ocupación de plataformas de gas ucranianas o la zona económica exclusiva marítima de Ucrania. Sin embargo los políticos de Europa central y del este, habiendo sufrido en sus carnes la realidad ruso-soviética, se comprometieron enseguida a detener a Rusia y ayudar a Ucrania en su lucha por la libertad y la soberanía nacional planteando claramente sus objetivos y prioridades de seguridad nacional, y asumiendo riesgos para enfrentarse a las amenazas. Igualmente Finlandia y Suecia, ante los mismos desafíos, se apresuraron a pedir su ingreso en la OTAN. El dubitativo y temeroso liderazgo occidental sobre Ucrania desde 2014 continuó en el inicio de la invasión en 2022, a pesar de los ataques sobre objetivos civiles, humanitarios, y las masacres de Bucha (2-3/2022), del teatro de Mariupol (3/2022) y de la estación de Kramatorsk (4/2022) *esperando* quizá que como en 2014 Ucrania fuera vencida sin mover el dedo estratégico necesario para romper el saque y la hoja de ruta a largo plazo de Putin contra una Europa que odia. Nada parecido a 1999 cuando la OTAN, sin previa agresión, bombardeó Serbia y Kosovo durante 78 días por *razones humanitarias* conociendo las sucesivas limpiezas étnicas bilaterales del Imperio otomano y las guerras mundiales. La eficacia de la disuasión de la OTAN no se ve en Bruselas, sino en Moscú. Si se analizan las sucesivas violaciones rusas del Derecho internacional y las respuestas occidentales como una prueba de la voluntad y capacidad para defenderlo, valores y principios compartidos, la OTAN fracasó subestimando a un artero Putin con un discurso nada disuasorio hasta febrero de 2022. Algunas violaciones del Derecho Internacional hasta el 24/2/2022 han sido: Chechenia entre 12:1994 / 8:1996 / 8:1999 y 4:2009; Georgia en 2008; ataque Ucrania en 2014, y derribo avión civil MH-17 Malasia; intento de golpe de estado en Montenegro 2016; cierre del Estrecho de Kerch 2018; bloqueo de puertos ucranianos en el Mar de Azov y ataque a su armada; restricciones a la libertad internacional de navegación y ataques terroristas. Además la guerra híbrida contra Ucrania y los estados miembros de la OTAN y la UE ha consistido en; injerencia reiterada en elecciones y referéndums, -apoyo secesionistas catalanes- guerra energética, guerra informática, ciberataques, asesinatos de opositores político-económicos y manipulación política.

Rusia, que ya había definido a la OTAN en 2014 como una amenaza, además de hacer durante años una guerra híbrida contra Occidente, amenazó también a EEUU y a la OTAN en diciembre del 2021. La Alianza nunca respondió con contundencia para detener las provocaciones optando por no utilizar todos los medios apropiados como respuesta a la cadena de violaciones rusas. La información publicada en tiempo real de: "sabemos lo que estáis preparando", sobre los despliegues rusos previos a la invasión de Ucrania, al no ir acompañada de despliegues militares claros, tampoco sirvió de disuasión para detener la guerra. La Alianza se ha mantenido en una zona de confort que al olvidar la acción preventiva enviaba un mensaje de debilidad, certificado por haber llevado una política de gasto militar mínimo, más relacionado con ganancias y puestos de trabajo en la industria que con la victoria en el campo de batalla y la supervivencia de los combatientes y sus ciudadanos. Con un Zelensky, dispuesto a permanecer en Kiev a pesar de ser el objetivo de Putin y las ofertas de expatriarlo, Ucrania le rompió la iniciativa militar operacional y estratégica a Rusia causándole unas bajas inimaginables, haciendo que EEUU, la OTAN y la UE sin marcar líneas rojas a Rusia, se vieran obligados a apoyar tímidamente a Ucrania. Se publicaron diversas manifestaciones de apoyo verbales:

> 'Me gustaría agradecer sinceramente a las Fuerzas Armadas, que luchan no solo por la libertad y la independencia de Ucrania, no solo por su integridad territorial sino también, por supuesto por la de toda Europa' (Ministro de Defensa Sueco).
>
> 'La gasolina puede ser cara, pero la libertad no tiene precio' (Primer Ministro Estonio).
>
> 'Hay mucho en juego y no solo para Ucrania, sino para toda Europa y el mundo en general. Somos y seremos probados por aquellos que quieren explotar cualquier tipo de división entre nosotros. Esta no es solamente una guerra desatada por Rusia contra Ucrania. Esta es una guerra contra nuestra energía, una guerra contra nuestra economía, una guerra contra nuestros valores y una guerra contra nuestro futuro. Se trata de autocracia contra democracia' (Ursula von der Leyen, Presidenta de la Comisión Europea 9/2022)

Las amenazas nucleares rusas, a las 72h de su invasión, ante su fracaso y graves pérdidas iniciales, se quedaron en agua de borrajas. Disipados los temores iniciales, tras una decidida postura de respuesta nuclear por parte de EEUU, se suministraron a Ucrania nuevos sistemas de armas. Destacando el apoyo internacional a Ucrania de EEUU y Reino Unido, - garantes de la seguridad de Ucrania según el *Memorandum* del voluntario desarme nuclear ucraniano en Budapest 1994 junto a los países de Europa Central víctimas de la ocupación soviética con Polonia y los Países Bálticos. EEUU ha declarado públicamente que apoyará a Ucrania hasta que Ucrania diga basta o durante el tiempo que sea necesario pero sin especificar el estado final deseado por Ucrania, que es recuperar su territorio previo a 2014. Mientras tanto, continua la entrega y compromiso de entrega de armas occidentales, tecnología avanzada y de largo alcance. HIMARS, NASAMS y Patriot, aviones F-16, misil

ATACMS, Tanques/CC - M-60, M-1 Abrams, Leopard-1 y Leopard-2-, vehículos combate - M2 Bradleys y Marders, AMX10 RC, M-113. Finlandia y Suecia, antes y después de admisión definitiva en la OTAN, ya han suministrado material junto con Australia y Corea del Sur. Ucrania, a pesar de su inexistente Marina de guerra, ha infligido significativas pérdidas operativas y estratégicas a Rusia que prosigue con sus bombardeos sobre la infraestructura energética pero desplazándolos a Dyagilevo y Engels, que parecían fuera del alcance de ataques con drones armados ucranianos. Putin ha mantenido su iniciativa política pero no militar con las continuas líneas rojas de amenazas nucleares; su desinformación al pueblo ruso, a Europa y al mundo; con su chantaje a la alimentación mundial robada a Ucrania por el bloqueo del trfico marítimo en los mares de Azov y Negro; con la guerra energética del gas a Europa y la destrucción sistemática de la infraestructura civil ucraniana. Los ataques sobre la población civil y la disrupción de instalaciones energéticas mediante oleadas de misiles y drones muestran que Putin prefiere la guerra larga a la diplomacia estimando quizás que Occidente no quiera una rápida derrota rusa. ¿Busca Occidente el desgaste para hablar de negociaciones? Si el bloqueo marítimo continúa, si Putin es libre de atacar a la población, de escalar la agresión sin consecuencias y si solamente se enfrenta a Ucrania en el campo de batalla, además de impunidad y pago por los costes de la destrucción, Putin buscaría quedarse con Crimea y Donbás ya ocupados. En estos momentos ante la previsible insistencia ofensiva de Putin, la aviación continúa siendo decisiva desde febrero de 2022. La superioridad aérea en tecnología y material es de la OTAN, a diferencia de lo que ocurre con los CC/MBT en los que Rusia, desde el inicio la superaba en número pero no en tecnología. Aviones, tanques y municiones además de misiles de largo alcance ATACAMS y antiaéreos son imprescindibles para vencer.

En enero de 2024 Ucrania atacaba varios objetivos, a más de 1.000 km de distancia, un depósito de combustible cerca de san Petesburgo y otro en Touapsé. Rusia, reforzadas sus fuerzas, disparaba diez obuses por cada uno ucraniano renovando así sus ataques. Cuando nos acercábamos al año de guerra, casi todos los países OTAN comprobaban que carecían de fuerzas terrestres y reservas de personal y material para sostener una guerra de alta intensidad prolongada más allá de un mes. Los países se quedaron en lo *quirúrgico.* La competencia entre aliados europeos, tanto económica como de liderazgo, y el cambio de principios morales por dinero, han debilitado aEuropa ante la confrontación. A este respecto es interesante la declaración del Jefe de Estado Mayor de la Defensa (JEMAD) de Francia Thierry Burkhard, en su: *Vision stratégique, Gagner la Guerre Avant la Guerre* consciente de las carencias de la defensa militar de Francia tras años de debilitamiento político. En igual sentido fue la declaración previa del JEMAD alemán a su gobierno: 'aún manteniendo relaciones con Ucrania, algunos países bloquearon su ingreso en la OTAN y después fallaron colectivamente en apoyarle para mostrar una disuasión creíble ante los rusos hasta que la invasión a gran escala fue inevitable. La mayoría de los países ignoraron las lecciones aprendidas en Ucrania entre 2014 y 2022 sobre; doctrina, tácticas y capacidad rusa y mucho menos sobre los planes de Putin. Solamente en enero de 2024 el Presidente Macron, ante los representantes de la Defensa francesa, evocaba la necesidad de una economía de guerra aumentando la producción de armamento y municiones un giro de 180º en su discurso de 2022. Por otra parte la Europa del norte / centro / este, ante su conocido enemigo a las puertas, aceleró su rearme. Otros Estados, antiguos miembros OTAN, se vieron obligados a seguir su ejemplo reconociendo la amenaza a la seguridad europea. Permanecieron en primer lugar las potencias nucleares europeas como Francia y Reino Unido (con 515 cabezas nucleares), pero su influencia dependerá de la adaptación de su doctrina nuclear nacional a la nueva situación estratégica. El esfuerzo de Donald Trump para reforzar Polonia, incluso retirando fuerzas de Alemania, hizo aparecer un nuevo centro de gravedad en Europa que se está consolidando. Alemania se apresuró a pedir a EEUU que permaneciera con sus bases además de desplegar una en Polonia. Ante su implicación en Polonia y la reacción del Reino Unido en 2024, en caso de ganar las elecciones hizo que Donald Trump apoyara a Ucrania. En plena guerra, la OTAN en la Conferencia de Madrid de 2022 pareció alejarse de su concepción estratégica como defensora del Derecho Internacional, la democracia liberal y los valores y principios compartidos pasando de: 'detener los conflictos en curso donde afectan la seguridad de la Alianza a contribuir a la estabilidad y gestionar conflictos juntos'.

Para el zar Putin, esta declaración, descafeinada por la OTAN en Madrid, fue un signo más de debilidad y continuó amenazando a; Estonia, Letonia, Lituania, Polonia, Noruega, y Finlandia. Se trataba ya de un amplio enfrentamiento verbal entre Rusia y la OTAN e incluso la UE que ha reconocido la amenaza de una intervención militar.

La guerra injusta, los crímenes y los desastres globales derivados, son responsabilidad única de Putin y su entorno, pero el liderazgo de la ONU y de los países de la OTAN no está libre de culpa por haber sido incapaces de detener y evitar una guerra en Ucrania que ha provocado; muerte, sufrimiento y destrucción así como numerosos daños colaterales globales como la recesión económica, la inseguridad energética y alimentaria, el aumento del coste de vida y de la hambruna que incrementan la agitación social, disturbios, aumento del extremismo y caída de gobiernos. Tras las demostraciones de la supremacía aérea en la antigua Yugoslavia, el Golfo, Serbia y Afganistán, la OTAN descuidaba la participación en Europa en una guerra terrestre de alta intensidad. Ucrania lucha sobre todo desde tierra contra una Rusia con mayores capacidades tridimensionales. Ucrania tiene una Fuerza aérea y sistema C4ISR (*Command, Control, Communications, Computers, Intelligence, Surveillance and Reconnaissance*) insuficientes ante la probable ofensiva rusa con carros/tanques y artillería y necesitaría aumentar los tanques (CC/MBT) y blindados, las aeronaves caza-carros, los drones y una cúpula antiaérea frente a los misiles rusos. Por otra parte la panoplia de armas y sistemas del antiguo Pacto de Varsovia y los suministrados o en proceso de entrega por Occidente a Ucrania (Bradleys, Marder, AMX10 RC, M-113, Bushmaster, Leopard, Challenger, Abrahams, MLRS HIMARS, CAESAR y otros) requieren de una logística complicada. La falta de aviación ucraniana y la profusión de ataques de misiles tierra- tierra rusos llevaron a Ucrania a adaptar su gran capacidad antiaérea para emplearla como tierra- tierra hasta que el aumento de ataques de drones rusos llevaron a Ucrania a reservarlos. Por otra parte la iniciativa ucraniana ha hecho que aumentara su empleo de drones, muchos turcos, para: obtención de inteligencia, como mini bombarderos precisos obligando a las fuerzas terrestres a buscar continuamente cobertura del cielo, para ataques a buques e infraestructura en Rusia. Rusia por su parte se equipó de abundantes drones iraníes.

Ucrania con la experiencia de la violación sistemática por Rusia de los tratados del 1991,1994, 1997s y 2003, no quiere ceder ni una pulgada su integridad territorial que es una *cuestión de vida o muerte*. La guerra, iniciada en 2014 en Crimea y Donbás podría continuar en el resto de países europeos quebrando la seguridad y la estabilidad europeas. La OTAN y la UE no pueden dejar de apoyar porque serían cómplices de la masacre en Ucrania perdiendo absolutamente cualquier credibilidad moral pasando a convertirse en unas organizaciones y países objetivo para el saqueo y un peligroso precedente mundial para otros regímenes autoritarios. La OTAN no debe verse disuadida por una Rusia agresiva. La intervención humanitaria en Ucrania era y es de interés nacional para los treinta estados de la UE, la OTAN y resto del mundo. Están en juego la defensa de nuestra libertad, valores y principios compartidos de proteger el Derecho Internacional y actuar siguiendo la doctrina de *responsabilidad de proteger* de la ONU e impedir a los países cambiar las fronteras por la fuerza. Una calculada intervención militar en Ucrania de una coalición en base OTAN, al amparo de la ONU, podría haber servido como disuasiòn a Putin para que retirara sus fuerzas y haber salvado a Rusia al no haber sido vencida por solamente por Ucrania sino por toda la OTAN. Una Alianza que a su vez hubiera salvado su prestigio ante una diplomacia ineficiente y militarmente inoperante ante su mayor desafío. Estamos ante una inflexión, por escasez de armas y municiones para suministrar a Ucrania provocada por el gran consumo del conflicto, falta de reservas y tiempo de fabricación especialmente de proyectos especiales carros y artillería; armas que además puedan usarse con el debido adiestramiento. La intervención humanitaria occidental en Ucrania se acerca a una carrera contra reloj entre la OTAN y Rusia para obtener municiones con las que alimentar la ofensiva. Putin ha entrado en una economía de guerra para alargarla y agotar recursos humanos y materiales de Ucrania obligando a la OTAN a comprometer los suyos para reforzar abrumadoramente a Ucrania. Las industrias de Defensa acostumbradas a pedidos limitados se han visto incapaces de satisfacer las demandas urgentes de nuevas entregas debiendo reducirse los plazos que solían prolongarse meses o años. EEUU ganó en su carrera armamentística a Hitler en la II GM. En octubre de 2023 la apertura del frente en Oriente Medio ha dividido las fuerzas. La atención está puesta cada vez más en el necesario fin de la guerra y parece que frente a la voluntad de Putin, que no hay que minusvalorar, va a ser necesaria una mayor intervención exterior. Un acuerdo erróneamente salomónico de *cortar al niño por la mitad*, o un *empate como en Corea,* no pondrá fin a la guerra porque sería visto por Putin como otro punto a su favor. Putin no necesita ocupar más territorio para ganar, ya ha destruido la base económica del Estado ucraniano. Ucrania sin embargo sí que necesita liberar todos los territorios ocupados para evitar la derrota. Recompensar a Putin con los territorios ocupados actualmente, dejaría a Ucrania derrotada como en 2014 y preparada para otra invasión. Además rompería su economía negándole la costa del Mar de Azov, sin poder importar ni exportar, en particular grano y los fertilizantes, y le privaría de acceso al gas, petróleo, carbón y minerales. En este sentido John Biden afirmó:

> '¿Por qué no le damos a Ucrania todo lo que hay para dar? He pasado mucho tiempo hablando con los líderes europeos para instarles a continuar apoyando a Ucrania porque no quieren ir a la guerra contra Rusia. La Alianza es fundamental para continuar apoyando a Ucrania.Vamos a darle a Ucrania lo que necesita para poder defenderse y tener éxito en el campo de batalla. Seguiremos con Ucrania mientras Ucrania esté allí. Todos sabemos lo que está en juego aquí. Putin pensó que debilitaría a la OTAN en cambio la ha fortalecido OTAN'

Si la OTAN, la alianza político-militar más grande del mundo, fundada sobre la base de los valores comunes de democracia, derechos humanos y el Estado de derecho, no defiende la base de nuestra seguridad y estabilidad, ¿quién lo hará entonces?

Algunas lecciones militares de la guerra de Ucrania a los cien días (8/6/2022)

La guerra en Ucrania es una fuente de lecciones militares. El presidente Zelensky es un líder enamorado de su patria y comprometido con aún a riesgo de su propia vida. En ocasiones los militares pueden no ser claros al expresar lo que realmente se puede y debe hacerse, pero mucho más a menudo son los políticos quienes no quieren escuchar los consejos militares porque simplemente no es lo que desean escuchar. Sin embargo en España varios de los últimos Jefes de Estado Mayor de la Defensa (JEMADs) siempre políticamente correctos, han expuesto públicamente con mayor o menor detalle la insuficiencia del presupuesto militar. Hay varios puntos a resaltar desde la perspectiva militar en la guerra en Ucrania, aspectos que en España están absolutamente influenciados por los presupuestos de los sucesivos gobiernos que han situado a España en Defensa, con relación a su PIB, en el puesto 29 de los 30 países de la OTAN lo que no permite tener un ejército disuasorio frente a los riesgos que afronta España. Los aspectos a destacar son: La Defensa Operativa del Territorio (DOT) y la Movilización, las Operaciones Especiales, la misilística Tierra-Tierra SS, los drones, la estructura del Ejército y la cobertura de las plantillas de la unidades en personal, armamento y material, el planeamiento centralizado con ejecución descentralizada, la iniciativa dentro de una disciplina intelectual fuera de todo corporativismo y considerar la Historia de España y los valores humanos aglutinados por encima del adoctrinamiento ideológico. El ataque ruso se ha visto sorprendido al encontrarse con una nación ucraniana que despierta y con las lecciones aprendidas tras la invasión y ocupación rusa de Crimea en 2014, decidió aprestarse para enfrentarse con todos sus recursos humanos y materiales a la destrucción y desaparición de su país.

La Defensa Operativa del Territorio (DOT), implica tener unas Fuerzas Territoriales constituidas por unidades que vayan a combatir en terreno conocido y con capacidad de movilizar y organizar el personal de esos territorios. La DOT necesita pues de una comprobada capacidad de movilización en diferentes aspectos como el militar, el industrial, el alimentario, la sanidad y otros servicios. La movilización militar, que existía en España cuando había servicio militar, clasificaba a los licenciados y después organizaba ejercicios reales. Esta movilización fue clave ante la pretendida invasión de Hitler e incluso aliada. Las Operaciones Especiales son un complemento en la DOT para asistir en la organización de guerrillas en terreno enemigo.Un ejemplo fue la preparación del Desembarco de Normandía 1944, con acciones contra los alemanes, mediante los planes de ataque; verde (líneas de ferrocarril), violeta (líneas telefónicas), azul (líneas de alta tensión), amarillo (puestos de mando), negro (combustible) o rojo (depósitos de munición) realizados por la Resistencia francesa dirigida por el SAS británico. El agresor debe saber que aunque elimine a un ejército de élite, cada vez más reducido, se encontrará enfrentado a toda una nación en armas.

Por otra parte las Operaciones Especiales, se centran sobre objetivos estratégicos de gran valor mediante acciones de reconocimiento especial en profundidad y acción directa. Hemos podido ver algunos casos en la guerra en Ucrania: desde la localización y eliminación de puestos de mando, incluidos mandos militares, a información y destrucción sobre cadenas logísticas en la retaguardia enemiga. La artillería en España carece de Lanzacohetes Múltiples (MLRS) con posibilidad de empleo de varios tipos de munición, también de misiles guiados tierra-tierra de largo alcance (más de 500Km) absolutamente necesarios como disuasión para responder a una agresión. El Ejército de Tierra, que requiere capacidad de ocupación física defensiva y ofensiva, ha sido adelgazado por debajo de mínimos y no se puede hablar de Grandes unidades, hay que dotar su cobertura y la de sus batallones en personal, armamento y material. El ejemplo ruso es esclarecedor, Rusia ha pretendido mantener un ejército profesional combinado con un ejército de servicio militar. La *ingeniería numérica*, que también se puede dar en España, ha estallado ante la realidad de una guerra. Primero se diseñan las plantillas de guerra de las unidades, con base binaria, ternaria o cuaternaria, después se aplica un porcentaje de cobertura de un 75% y luego se cubre ese 75% a hasta un 70% pudiendo quedar cubiertas al 50%. Los batallones rusos de fusileros motorizados con plantillas teóricas aproximadas de 500 solamente estaban cubiertas con 350 y aún así muchas se quedaban en 250. Las Compañías de 100 con una cobertura de 75. Las Secciones de 22, con 3 pelotones a 7 fusileros que, restando el conductor y un tirador del vehículo, quedaban en 5 siempre que las plantillas autorizadas estuvieran cubiertas. Teniendo en cuenta que una unidad con el 25% de bajas se consideraba destruída se estaría operando con unidades que no cumplen los propósitos de su diseño. Los Carros de Combate (CC) / *Main Battle Tanks* (MBT), punta de lanza de la ofensiva, necesitan, máxime en terreno urbano, ser protegidos por una Infantería protegida pero desembarcable a pie pues al carecer de ella son presa fácil de emboscadas contracarro lo que les ha ocurrido a los rusos. Como dato basta saber que España dispone aproximadamente algo más de 200 CC en uso y Rusia había perdido en junio de 2022 más de 1.300. No pensemos que los carros de combate se han acabado, han de adaptarse a sus nuevas amenazas. Rusia recuperó carros de los años 50 al carecer de suficiente munición para los nuevos modelos. La Organización de la Fuerza debe tener presente su estructura y cobertura según el carácter de la operación, tempo y la misión principal. Putin buscó una fuerza abrumadora acorazada, mecanizada y aerotransportada (asalto aéreo) para colapsar a las Fuerzas Ucranianas y tomar Kiev. El Centro de Gravedad, fue confiado a las mejores unidades y con más efectivos profesionales, como las Unidades de la Guardia y las Aerotransportadas. Los rusos han pagado caro una estructura y cobertura inapropiadas para la guerra en Ucrania.

De paseo militar pasaron a desastre. La munición necesaria para llevar a cabo cualquier operación necesita disponer de reservas a nivel nacional para contar con proyectos especiales de municionamiento, particularmente la munición de artillería y de CC/MBT. En España el infante individual ha carecido de la munición suficiente de fusil para prepararse cumplir su misión, sobrevivir y apoyar a sus compañeros. Aunque existen simuladores, se dispara poco y solo se han realizado prácticas de tiro previamente a algún despliegue en alguna misión. ¿Para cuántos días de combate tiene España reservas de munición? ¿Deberíamos ser capaces de producir al menos la munición de mayor consumo? ¿y espoletas inteligentes? también podríamos hablar de raciones, explosivos, pilas de radio, medicamentos y material sanitario. La guerra electrónica (EW) y los medios humanos (HUMINT) y técnicos de Inteligencia del campo de batalla (COMINT, ELINT) no se improvisan como tampoco se improvisa el personal con instrucción para servirlos. Los drones, ya insuficientes, sea cual sea su tamaño y dependencia necesitan ser coordinados para atender a su misión de inteligencia y ataque. La profusión y la eficacia de su empleo en Ucrania muestran el camino. Se necesitan más helicópteros pesados tipo Chinook y de transporte NH algunos con perchas de reabastecimiento en vuelo para OEs, los de ataque con las prestaciones del Apache y todos con contramedidas para lanzar operaciones en la retaguardia del enemigo.

Igualmente se precisa aumentar de Artillería Antiaérea estratégica, operacional y portátil tipo Batallón de maniobra frente a drones, helicópteros, aviones y misiles. El secreto del éxito defensivo ucraniano frente al gigante ruso también estriba en el reparto de papeles, sin obstaculizarse, entre la parte técnica militar del JEMAD Valeriy Zaluzhny (VZ) que controla como responsable directo del empleo de los recursos de guerra pero dejando iniciativa a sus mandos y la parte política al Presidente Volodímir Zelenski (VZ) que se ha dirigido al pueblo y al mundo. Este reparto sufrió en 2023 un desgaste ante la presión externa política hacia Zelenski y la preocupación militar de Zaluzhny de evitar bajas y reponer fuerzas. Todo lo anterior plantea la cuestión de si España está suficientemente defendida y qué riesgos o amenazas afronta. En enero de 2024 Ucrania no pudo triunfar en la ofensiva de 2023 por falta, -desde febrero de 2022- de suministros suficientes de materiales terrestres y aviones dando así tiempo a los rusos al establecimiento de una organización defensiva media/fuerte contra la que se estampó Ucrania. Las pérdidas de Ucrania le obligan también a una movilización humana algo ya previsible al comparar las poblaciones: Ucrania con 43,8 millones de habitantes con la Federación Rusa de 143,4 millones. Esto es algo que al parecer se obvió a la hora de apoyar a Ucrania desde el inicio, sobre todo en aviación de caza y ataque a tierra, permitiendo a Rusia operar a largo plazo. No obstante los compromisos de las industrias militares europeas, abriendo sucursales en Ucrania, y la designación de un alto mando militar de EEUU para apoyar al país durante al menos tres años, el diseño de las nuevas Fuerzas Armadas ucranianas son indicios de un fuerte compromiso. La guerra en Ucrania, que va para largo, ha visto aparecer con profusión unos sistemas de armas que los EEUU ya consideraron en 1998 en su visión: *Army After Next* (AAN2020) como continuación de los *Big Five* (Patriot, MLRS, Apache, Bradley y Abrahams), una mayor atención a Operaciones Especiales, drones, satélites, helicópteros e inteligencia. De ellos los drones, como Predator para inteligencia ataque (Predator empleado en Bosnia en 1997 para inteligencia) y la inteligencia de comunicaciones vía satélite han sido las mayores novedades de empleo pero sin pasar por alto la artillería de campaña y sus como la en la I GM y la inicial fracasada *guerra relámpago* rusa con táctica de la II GM y los misiles de la Guerra del Golfo. Las operaciones rusas aerotransportadas fracasaron en su asalto al aeropuerto de Hostomel. En lo referente a propaganda, Zelensky ganó la batalla a Putin. En enero de 2024, el presidente francés, dirigiéndose a su personal de Defensa manifestó que había que hacer imposible la victoria de Rusia pero sin decir que Ucrania debía ganar sugiriendo una economía de guerra con aument de la producción de material militar. Algunos interpretaron que seguía pretendiendo que Ucrania se conformara sin Crimea. China, -que avisó a Putin desde el principio de no emplear el arma nuclear y no entrar en Kazajstan como en Ucrania- le suministra material y espera el fracaso de Putin para así aumentar su esfera de influencia en los países asiáticos antiguos miembros de la URSS. Irán y Corea del Norte suministran también material de guerra a Putin intercambiando tecnología. Putin juega a su favor en el patio *democrático* de China, Corea del Norte, Iran, África del Sur, y otros países de su esfera de influencia. Prigozhin, líder del grupo mercenario paramilitar Wagner financiado por Moscú, con experiencia en Siria y África, tras su rebelión al lanzarse sobre Moscú en junio de 2023 cayó en la trampa de Putin que lo usó para destapar deslealtades militares y terminó cayendo desde más alto que los opositores asesinados *caídos* desde edificios. Tras la cobarde, bárbara y diabólica masacre terrorista perpetrado por la piara de Hamás el 7 de Octubre, ligada a Irán, a Rusia y a sus aliados junto con la hipocresía de otros países, el apoyo a Israel de EEUU, su principal aliado, y también principal país suministrador de armas y municiones a Ucrania, ha causado una disminución de los suministros a Ucrania además de menos atención mediática pública de la invasión rusa. Una Rusia que ha aumentado su presupuesto de Defensa en más del 60% metido ya en una economía de guerra para su *operación especial* que para el dictador no es guerra.

La masacre diabólica de Hamás contra niños mujeres y ancianos, militares, hombres y mujeres, con violaciones brutales, despedazamiento, mutilaciones, degüellos, cremaciones en vivo en Israel, ha puesto de manifiesto lo que ya sabíamos: que las Organización de Naciones Unidas con su Secretario General al frente, justificando indirectamente la masacre terrorista por un *victimismo palestino* pero omitiendo los sucesivos ataques contra Israel de 1967; Jordania, 1972; Olimpiada Múnich, 1973 (Yon Kippur 11 países árabes); terrorismo e intifadas, se ha convertido en una agencia de empleo burocrático incapaz de cumplir la misión de evitar la guerra para la que fue creada. La determinación yihadista de exterminar al pueblo israelí, con una declaración de genocidio, se ha visto confirmada con cada ataque contra Estado de Israel y su población con una afirmación que nos recuerda, salvando las distancias, el: *¡ho tornarem a fer!* de los secesionistas golpistas catalanes y de los terroristas etarras no arrepentidos, socios del partido gobernante en España en 2024. No debemos extrañarnos de que se produzcan guerras cuando desaparecen los principios morales y espirituales. La apertura de esta guerra contra Israel desde el Líbano, Yemen, Irán y la propia Gaza tiene ya consecuencias comerciales que todos vamos a pagar. La guerra mediática contra Israel empleando como mazo y escudo al pueblo palestino está triunfando a favor de la organización terrorista de Hamás y mientras tanto España se apresura a comprar munición y armamento.

Vicente Díaz de Villegas y Herrería (1948-) Grados, destinos y preparación: Cadete Academia General Militar de Zaragoza (1966). Teniente, Academia de Infantería de Toledo (1970). Desde entonces hasta su pase a la reserva sirve en destinos operativos de Mando de Unidades y de Estado Mayor en Cuarteles Generales en España y el extranjero. De su preparación caben destacar los Cursos de Mando de Unidades de Operaciones Especiales, Mando de Unidades de Montaña, Estado Mayor (EM *General Staff*) y NATO *Defense College* (EM-OTAN) en Roma, Inteligencia para Oficiales Superiores y Gestión de Crisis (OTAN). Es paracaidista y explorador anfibio de las Fuerzas Especiales de EEUU. Tiene reconocidos niveles altos de francés e inglés por la OTAN. Operaciones reales de Seguridad y Defensa: Como teniente y capitán participa en la Impermeabilización antiterrorista del Pirineo en la COE de Bilbao y en la Legión en el Control de la soberanía y seguridad en zona de combate del Sahara español (1974-1975). Como Teniente Coronel:Coordinación Protección de Objetivos en Elecciones (EMAD) y Protección de la Fuerza OTAN en Bosnia-Herzegovina y Croacia (IFORSFOR / 1995-1997). Como Coronel: Jefe del Primer Contingente español en Kosovo (OTAN / KFOR) y Vicecomandante de la Brigada Multinacional Oeste con 7.000 efectivos (1999-2000). Como General adjunto: Relaciones Exteriores en la División Multinacional Sudeste en Bosnia para la Coordinación y monitorización de todas las Agencias Internacionales; ONU / UEO / OSCE / ONGs , Líderes Religiosos, Jefes militares y Autoridades de los tres grupos (croatas, serbios y bosniacos / 2001- 2002). Como Representante de España ante USCENTCOM en Tampa, Florida para la Monitorización del empleo de españoles en las Operaciones en Afganistán, Irak y el Cuerno de África (HOA). Como: Jefe de la Brigada Internacional de la Fuerza de Respuesta OTAN (NRF-5 / 2004- 2005). Como Teniente General (*Force Commander*) de la MONUC (ONU) al mando de 18.000 efectivos en la República Democrática de El Congo. Condecoraciones; Cruz Roja y Valor Reconocido. Dos grandes cruces militares. Comendador del Mérito, Francia. Cruz de Oro del Ejército italiano y Medalla A. Henriques de Portugal.

Los males de la guerra por Enrique Bonete Perales

Si bien las éticas greco-romana y cristiana se han centrado sobre todo en el análisis de los vicios y pecados individuales, será durante el Renacimiento y la Modernidad cuando se adquiere mayor conciencia de los efectos que las pasiones generan en ámbitos sociales, mucho más amplios que las relaciones interpersonales. Un ejemplo es Erasmo de Rotterdam quien ofrece un retrato vívido de lo que supone la crueldad de la guerra, derivada de las pasiones humanas, y de los daños que aquella provoca en miles de inocentes. 'La tragedia de la guerra trae consigo tantos males que el mero recuerdo horroriza ya el ánimo humano', afirma. La degeneración del hombre es evidente, desde los vicios personales hasta el afán de matar al otro y a poblaciones enteras con; instrumentos, armas y maquinarias diseñadas para obtener el mayor daño al enemigo. La capacidad de los humanos de realizar el mal es infinitamente superior a la de las bestias. Las guerras, tan crueles y destructivas, difícilmente podemos afirmar que son el resultado de la naturaleza racional. Las pasiones desbocadas se convierten en fuerzas diabólicas que buscan la destrucción del prójimo. He aquí la máxima desobediencia al mandato cristiano y ético de amor y paz.

La reflexión sobre la guerra forma parte de la Modernidad, no sólo en torno a su justicia o injusticia, sino sobre todo para desvelar los males que origina en la vida social. Hobbes articula su pensamiento político como un intento de instaurar un poder absoluto gracias al cual puedan superarse los conflictos humanos, y entre ellos la amenaza constante de guerra. Locke ofrece sensatas reflexiones sobre las diferencias entre el estado de naturaleza y el de guerra. Considera que se ha producido una lamentable confusión de estos dos estados. El primero puede ser concebido como una situación de paz, asistencia mutua y cooperación mientras que en el estado de guerra predomina; la enemistad, la violencia y el afán de destrucción. Serán las leyes las que faciliten el abandono de ese estado de maldad y el tránsito a una situación social en la que los hombres sean capaces de vivir en el respeto de los derechos a; la vida, libertad y propiedad. En cierto modo, el objetivo principal del poder político, en la Modernidad, no es otro que la erradicación de los conflictos, de las guerras, de los graves males sociales que ocasionan, y que, durante siglos, han padecido millones de personas.

También el idealismo alemán ha dedicado páginas al análisis de lo que supone la guerra. Si bien puede aportar algunos progresos técnicos para el desarrollo social, igualmente constituye la máxima manifestación de la maldad. Hegel formula la propuesta de si las guerras y masacres padecidas por las sociedades poseen algún sentido o por el contrario se alcanza con ellas algún fin beneficioso para la Humanidad. Se plantea una trágica pregunta que la Filosofía no puede obviar: ¿a qué fin último se ha ofrecido el enorme sacrificio de millones de inocentes a lo largo de la Historia?.

Y esta pregunta se presenta con especial inquietud tras lo que han supuesto las dos guerras mundiales, cuyos catastróficos resultados difícilmente podría haber imaginado el idealismo de Hegel. El impacto del Holocausto provocado por el nazismo (también los millones de muertos bajo los totalitarismos comunistas) ha originado en la filosofía del siglo XX un gran número de escritos sobre las causas y responsabilidades de tan graves males. Al poco de concluir la II Guerra Mundial, y tras los juicios de Núremberg, intelectuales germanos tuvieron que reflexionar sobre la responsabilidad del pueblo alemán en la ejecución de tan horribles crímenes cometidos por sus líderes políticos y mandos militares. ¿Fueron el resultado de la maldad inherente a la naturaleza humana o la toma de decisiones libres diseñadas para ejecutar a inocentes?. La filosofía moral durante el siglo XX ha producido un tránsito intelectual desde el afán por esclarecer vicios personales (de los que hablaban los clásicos griegos, romanos y cristianos) a la preocupación por explicar y denunciar una maldad organizada y sistemática destinada a exterminar a millones de ciudadanos, como se puso de relieve en el Estatuto del Tribunal Militar Internacional de Núremberg con la definición de; *crímenes contra la paz, crímenes de guerra y los crímenes contra la humanidad.*

A nadie se le escapa que lo sucedido tras la II Guerra Mundial resultó una novedad histórica: los vencedores establecieron un tribunal, por un lado, y los criminales fueron juzgados y condenados, por otro. Además, se estableció que el 'pueblo alemán' no era juzgado sino personas concretas (dirigentes del régimen nazi) acusadas individualmente. Y las acusaciones no eran totales, sino en función de determinados crímenes cometidos y formulados con precisión por el Tribunal Militar Internacional. Si cabe pensar, a la luz de la Historia, que siempre ha habido guerras, que parecen ser el resultado de una perversa maldad que habita en la naturaleza humana, tal tesis implicaría que nada se puede hacer contra esa tendencia belicista que impulsa a los humanos a matarse y destrozarse de modo organizado y cruel. No se ajusta a la realidad afirmar que lo predominante en la Historia, y durante el siglo XX, haya sido resolver los conflictos internacionales de modo violento. No es acertado este enfoque fatalista respecto de la maldad humana. Es posible controlar hasta cierto grado, –como también prueba la Historia- el impulso de la agresividad y la violencia indiscriminadas cuando está inmerso en un conflicto bélico. Igualmente, tras los juicios de Núremberg, se han ido creando mecanismos jurídicos, económicos, políticos e institucionales de solidaridad e unidad con los cuales se busca disuadir a los posibles contendientes y anima a resolver los conflictos por medios no violentos, sin recurrir a guerras o matanzas que escasamente contribuyen a la resolución de los problemas.

Pero no solamente la reflexión sobre la guerra, desde un punto de vista ético, como manifestación de la maldad humana, ha sido examinada en la segunda parte del siglo XX, sino que algunos pensadores la han centrado más en lo que ha supuesto la organización de campos de concentración y exterminio, paradigmas de la *maldad total* aparecida durante aquel terrible conflicto bélico. Seguramente ha sido Hannah Arendt la pensadora que mayor sensibilidad ha mostrado para estudiar la maldad humana, especialmente en los totalitarismos del pasado siglo, sin olvidar, la psicología que subyace a comportamientos criminales que han llevado a la muerte a millones de inocentes.

El funcionamiento de los sistemas políticos totalitarios y los campos de concentración, ha sido investigado como la máxima manifestación de maldad con; la eliminación de la persona jurídica, el asesinato de la persona moral y la destrucción de la identidad personal. Consiguiendo con ello que aquellos sometidos a la crueldad se perciban como totalmente superfluos, carentes de la más mínima dignidad, expresión de un *mal radical*. Un mal absolutamente imperdonable que ha minado las normas morales conocidas hasta ahora (como los *Diez mandamientos* de la tradición judía y cristiana), la mayoría de ellas centradas en las relaciones interpersonales. En el siglo XX ha sido posible instaurar una organización industrial cuyo propósito no era otro que aniquilar la dignidad y la vida de millones de; inocentes judíos, gitanos, homosexuales, comunistas, destruyendo hasta el último rastro cualquier ética surgida de la cultura occidental. No era el asesinato en sí mismo, ni el número de víctimas, ni siquiera el número de personas que se unieron para perpetrarlos, lo era más bien el 'sinsentido ideológico que lo causó, la mecanización de la ejecución y el cuidado y calculado establecimiento de un mundo de muertos en que nada tiene ya ningún sentido'.

Los campos de concentración se convirtieron en la institución más expresiva del poder totalitario, en un infierno encarnado en aquellos campos perfeccionados por los nazis en los que la vida se hallaba sistemáticamente organizada para proporcionar el mayor tormento posible, donde los seres encerrados eran tratados como si ya no existieran, como si estuviesen muertos y algún enloquecido espíritu maligno se divirtiera en retenerlos durante cierto tiempo entre la vida y la muerte antes de admitirlos en la paz eterna. El sistema ideado por Hitler demostró posible denegar la dignidad humana hasta convertir a los hombres encarcelados en insectos. De otra parte cuando un régimen político como el comunista se instala durante décadas en una nación, los ciudadanos poco a poco van asumiendo como normales las malignas máximas que lo inspiran, y si uno es contagiado por el virus del mal, acaba perdiendo sus defensas, penetra en su alma y la insensibiliza para el bien. Es como una epidemia que se extiende en una sociedad sometida a la ideología. Desde el poder se va diseminando la maldad a todos los rincones de una nación o conjunto de naciones. La maldad suele aparecer a través del poder; el mal está íntimamente relacionado con él, prospera en la confianza de que es irresistible, sea político, social o psicológico. No hay mal sin poder.

Ante la expansión a gran escala de la maldad, que arruina miles de vidas humanas, ¿cómo es posible resistirse a su contagio proyectado desde el poder?. La respuesta puede ser institucional, personal o moral. La primera se sirve de mecanismos democráticos, de convenios internacionales sobre derechos humanos, de principios constitucionales y de leyes para controlar a quienes ostentan cargos, de tal modo que sean denunciados y destituidos cuando intenciones criminales sean planteadas como objetivos políticos. La segunda implica a 'quienes son distintos, frágiles o vulnerables'. Es necesario fomentar en el sistema educativo la presencia de personalidades morales que sepan dónde termina el bien y dónde comienza el mal, capaces de erguirse frente al mal y oponerse a él, dispuestas antes a sufrir una injusticia que a cometerla.

El continuo hundimiento de regímenes totalitarios a lo largo de la historia reciente (al igual que el encarcelamiento de asesinos) nos enseña que no es del todo una exageración mantener en pie la esperanza citada por el judío Sirácida: 'quien hace el mal, se le volverá contra él, aunque no sepa de dónde le viene (Si, 27, 27).

Enrique Bonete Perales 'Del mal moral al mal total'
en *La Maldad*, 2020:50-68.

Enrique Bonete Perales, catedrático de Filosofía Moral en la Universidad de Salamanca. Ha impartido cursos de Ética en centros universitarios norteamericanos (Newark, Washington, Toronto) y europeos (Berlín, Ámsterdam, Copenhague). Es autor de numerosos trabajos sobre ética en revistas especializadas y de varios libros.

La ley y el final de la guerra por John Keegan

El final de la Segunda guerra mundial y el advenimiento de las armas atómicas no significaron la abolición inmediata de la beligerancia en las décadas siguientes. La destrucción por parte de Japón de los imperios occidentales en Asia y la humillación sufrida por los gobernadores y colonos occidentales ante sus anteriores súbditos hicieron que, después de 1945, la única manera de restablecer el colonialismo fuese, si acaso, por la fuerza. Los ingleses consideraron que era inútil el esfuerzo en Birmania y concedieron la independencia al país en 1948, y se dieron cuenta de que el alzamiento de origen comunista, surgido aquel mismo año en Malasia, sólo podía contrarrestarse prometiendo a la población un autogobierno a condición de que apoyaran la campaña de contrainsurgencia. Los holandeses cesaron en sus intentos de restablecer el colonianismo en las Indias Orientales donde, igual que en Birmania, había arraigado en el pueblo un movimiento independentista fomentado por los japoneses. Sólo Francia adoptó una política distinta, enfrentándose en Indochina a un partido nacionalista de inspiración comunista que había obtenido armas de los japoneses, y envió allí una fuerza expedicionaria para restablecer el régimen imperialista previo a la guerra; pero nada más llegar en 1946 se vio empantanada en una guerra de guerrillas con un enemigo que demostró una gran habilidad y tenacidad en la lucha. El Viet Min, nombre del movimiento nacionalista, había asimilado las tácticas guerrilleras del Ejército comunista de Mao en China, un país empobrecido y desestabilizado por ocho años de ocupación y guerra contra los japoneses, en el que los comunistas rápidamente se hicieron con el poder derrotando al gobierno de Chang Kai-check en la guerra civil de 1948-1950; una guerra que Mao ganó con tácticas convencionales, pero durante los ocho años pasados en el campo, pudo perfeccionar su filosofía bélica donde la tradicional estrategia china de evasión y demora cobró más fuerza a la sombra de la convicción marxista en la inevitabilidad del triunfo revolucionario. Esta estrategia, trasladada a Indochina, donde el terreno favoreció enormemente las operaciones basadas en la sorpresa. Las ofensivas puntuales y la retirada rápida, *–la guerra prolongada*, como el propio Mao había bautizado el método, fue minando activamente la resistencia de la fuerza expedicionaria francesa. En 1955 el gobierno francés abandonó la lucha y cedió el poder al Viet Min.

El ejemplo del Viet Min prendió en la conciencia de los súbditos del resto de las colonias europeas, que se levantaron en armas, en particular en el norte de África, igual que en los dominios británicos en Arabia y en los portugueses de África. Durante la década de los sesenta el imperialismo europeo fue derrotado en todos los frentes, muchas veces incluso en colonias que se hallaban en paz. El viento de cambio que sopló contra el dominio europeo fue lo bastante fuerte para hacer añicos la confianza en las potencias europeas cuyos aventureros habían emprendido la singladura de la conquista con tanta seguridad en su superioridad material y moral a principios de la época de la pólvora.

La militarización al estilo occidental de los nuevos Estados independientes de Asia y África en los cuatro decenios posteriores a 1945 fue un fenómeno tan notable como lo había sido entre la pacifista población europea en el siglo XIX. Y era de esperar que surtiera los mismos efectos siniestros; gastos exorbitantes de armamento, supeditación de los valores civiles a los militares, abuso de las élites militares y hasta recursos a la guerra. Era también de esperar que la mayor parte del centenar aproximado de ejércitos creados después de la descolonización fuesen de poca valía militarmente; la transferencia de tecnología occidental, un eufemismo para hacer referencia a las ventas interesadas de armamento de los países ricos a los países pobres, que rara vez pueden permitirse el desembolso, no supuso una transmisión del uso que tan mortíferas hacen esas armas modernas en manos occidentales. Sólo los vietnamitas, contra quienes los EE.UU se vieron enfrentados en una inútil guerra entre 1965-1972, hicieron la misma transición que los japoneses que culminaron tras la restauración de mikado en 1866. Pero en todos los demás países la militarización no sirvió más que para tender las trampas del militarismo sin el contrapeso de la virtud castrense de la disciplina.

Las numerosas guerras regionales de la época poscolonial, por dolorosas que fuesen para los ciudadanos con espíritu liberal de los países ex imperialistas, no sembraron entre los vencedores de 1945 alarma alguna que pudiese amenazar la paz lograda con la victoria. El temor llegó por otra causa; las *armas nucleares* con las que se había puesto fin tan bruscamente a la Segunda guerra mundial. El monopolio inicial de EE.UU del secreto nuclear mantuvo temporalmente alejado ese temor, pero en 1949 se supo que la Unión Soviética había hecho explosionar su propia bomba atómica y, cuando en la década de 1950 ésta y EE.UU obtuvieron la aún más destructiva bomba de hidrógeno, el mundo industrializado tuvo que enfrentarse a la pesadilla que él mismo había creado. En el espacio de quinientos años la Humanidad había pasado de practicar una hostilidad universal en la que el peligro de daños se limitaba al que podía ejercer la capacidad muscular humana y animal, con un intermedio de la energía química acrecentándolo sin trascenderlo, hasta una situación en la que desencadenar las hostilidades, en consecución de los fines que la teoría militar establecida consideraba justos y correctos, podía suponer la destrucción de la Tierra. El criterio de Stimson sobre la bomba atómica al enterarse de su existencia, -*más que un arma terrible de destrucción, un arma psicológica*- era más cierto de lo que él se imaginaba. Las armas nucleares hicieron presa en la mente del ser humano, y los temores que suscitaron pusieron al descubierto la falsedad del análisis de Clausewitz de una vez por todas. ¿Cómo podía ser la guerra una continuación de la política, cuando el fin último de la política racional es el bienestar de las instituciones políticas? El dilema nuclear hizo que los individuos pensantes, estadistas, burócratas y, sobre todo, los miembros de la clase militar profesional, se estrujaran el cerebro para escapar de la terrible situación en que ellos mismos se habían metido.

Algunas personas de gran inteligencia, muchas de ellas académicos integrados en las instituciones directrices de la política de los gobiernos occidentales, fueron abriéndose camino dificultosamente hacia un acomodo con la situación elaborando paso a paso el argumento que la lógica de Clausewitz seguía vigente: las armas nucleares pueden servir a los fines políticos no por su empleo, sino por el mero peligro que su uso representa. Esta teoría *disuasoria* está bien arraigada. Durante siglos, los militares han justificado el reclutamiento e instrucción de ejércitos en base al lema de origen romano: 'Si deseas la paz, prepárate para la guerra'. A principios de la década de los sesenta esta idea ha sido reformulada en la doctrina conocida en EE.UU como *destrucción mutua asegurada*, 'la capacidad para disuadir de un ataque (nuclear) deliberado manteniendo constantemente una clara e inequívoca capacidad para infligir un grado inaceptable de daños sobre cualquier agresor, aun después de acusar un primer golpe sorpresa'. Mientras el número de cabezas nucleares, de aviones y misiles (perfeccionamientos del V-2 alemán) destinados a transportarlas se mantuvo como un sistema admisible para contener el poder nuclear dentro de límites controlables se impuso una resistencia a las medidas de desarme. En la década de 1980, cuando el número de lanzaderas de cohetes intercontinentales nucleares había llegado a unos dos mil en ambos bandos se hizo evidente que se imponía otra alternativa y mejores medios para preservar la paz.

Desde antiguo, el hombre busca restringir la guerra mediante leyes que definan cuándo es la guerra permisible o no (*ius ad bellum*, como dicen los juristas) y qué es permisible en la guerra (*ius in bellum*). En la antigüedad se consideraba una guerra *justa* si se había infringido insulto u ofensa al Estado o a sus representantes. Cuando retaron al primer teólogo cristiano del Estado, San Agustín (354-430), a que juzgase si era permisible o no tomar parte en la guerra a quien quisiera evitar el pecado, afirmó que sí lo era a condición de que la causa fuera justa y la guerra se hiciese con *recta intención* –para hacer el bien o evitar el mal- y por la autoridad constituida. Estos tres principios constituyeron el fundamento del juicio eclesiástico respecto a los bandos contendientes hasta la llegada de la Reforma, y a partir de ella lo elaborarían juristas católicos como Francisco de Vitoria (1480-1546), quien argumentó que a un infiel, si luchaba bajo la autoridad constituida, debía respetarse que creyera que su causa era justa, pero más importante aún es que lo hiciera un jurista protestante como el holandés Hugo Grotius (1583-1645), quien en su preocupación por el tema llegó a definir *la guerra justa e injusta* y proponer medidas para que los que desencadenasen una guerra injusta fuesen castigados por hacer el mal.

Durante los siglos XVIII y XIX esta distinción no se tomó en consideración, ya que la política nacional solía estar impregnada de la perspectiva amoral maquiavélica de que la soberanía dotaba al Estado de cuanta justificación necesitase para sus fines, y en ausencia de una autoridad supranacional, que impugnase esa filosofía, el criterio permaneció invariable durante toda la época de la pólvora. W. Hall, jurista internacional, lo expresaba así en 1880:

> 'La ley internacional no tiene otra alternativa que aceptar la guerra, independientemente de lo justo de su origen, como una relación que las partes pueden optar por elegir y que sólo puede agotarse regulando el efecto de esa relación. Por ello, se considera que las dos partes de cualquier guerra son de idéntica posición legal y, en consecuencia, poseen iguales derechos'.

El desarrollo de las armas de destrucción masiva a finales del siglo XIX hizo que esta doctrina indeferentista apareciese como un peligro hasta para los Estados más fuertes, y en las convenciones de La Haya de 1899 y 1907, las principales potencias acordaron modestas medidas para limitar su ilimitada libertad de hacer la guerra si optaban por ello (el cómo debía combatirse, había comenzado a regularse en las convenciones de Ginebra, firmadas por las doce principales potencias en 1864) Como las circunstancias en que había estallado la Primera guerra mundial habían sido una burla de la iniciativa de La Haya. En base a ese mismo espíritu, se firmó en 1918 el Convenio de la Sociedad de Naciones, inspirado por EE.UU para imponer un arbitrio a los Estados en conflicto e imponer sanciones internacionales contra la parte que rechazase una decisión que no le conviniese. En 1928, la restricción legal del recurso a la guerra adoptó forma definitiva en el Pacto de París sobre Renunciar a la guerra por el que, aparte del Convenio de la Sociedad de Naciones, los firmantes se obligaban a resolver los conflictos en el futuro por medios pacíficos, A partir de entonces toda guerra era, en teoría, ilegal. En 1945, la Carta de las Naciones Unidas corroboró el Pacto de París y el Convenio de la Sociedad de Naciones, añadiendo el mecanismo de arbitrio y sanciones que facultaban a la ONU para actuar con fuerzas militares contra los transgresores.

La frustración del espíritu de la carta de Naciones Unidas durante los cuarenta años de enfrentamiento ruso-americano es conocido y antes del hundimiento de la Unión Soviética en 1990, las dos superpotencias habían convenido medidas de desarme nuclear, dado que ambas estaban alarmadas por el incremento del peligro del ataque sorpresa al que llevaba el perfeccionamiento de la tecnología de los misiles. El relajamiento de tensión obtenido fue el mayor triunfo desde la fundación de la ONU en 1945.

Sin embargo, no sería el desarme nuclear ni el nuevo espíritu de armonía obtenido por la renuncia de Rusia al marxismo lo que abriera nuevas expectativas de que un mundo saturado de guerras se encaminara por fin por el sendero de la paz, sino la decisión de la Unión Soviética de suscribir la decisión de las Naciones Unidas de emprender acciones militares contra la decisión de Irak de invadir Kuwait en 1990. Irak había violado todos los requisitos morales de guerra justa y toda la jurisdicción acordada internacionalmente en el Convenio de la Sociedad de Naciones, el Pacto de París y la Carta de las Naciones Unidas. La victoria de las fuerzas enviadas a sancionar a Irak para anular la ilegal anexión de territorio, -lograda sin causar víctimas civiles y autorizada por una resolución de la ONU- fue el primer triunfo de la moral de la guerra justa desde que Grotius definiera este principio en el siglo XVII.

Los que confían en que las Naciones Unidas logren perpetuar su arbitrio pacifista, –no existe mejor instrumento- tienen mucho camino que recorrer para que se cumpla esa esperanza. Es innegable que el hombre es potencialmente violento, aunque admitamos que se trata de una minoría más que de una mayoría, y vivimos en sociedades en las que existen probabilidades de que esa potencialidad se haga realidad. El hombre ha aprendido en los cuatro mil años en que han existido ejércitos organizados, a entrenarlos y equiparlos, a reunir los fondos necesarios para su mantenimiento y aceptar su intervención en momentos en que la mayoría se siente en peligro. Pero hay que hacer más: no se podría vivir en un mundo sin ejércitos disciplinados y obedientes a la ley. Los ejércitos son señal de civilización, y sin su existencia la Humanidad tendría que amoldarse a vivir a un nivel primitivo o en un caos sin ley en el que las masas entrarían en guerra unas contra otras como.

Hay lugares en el mundo en los que estalla un rencor descomunal, saturados de armas baratas que son el producto más denigrante de nuestra sociedad industrial, y en los que la guerra de todos contra todos es una realidad. Lo vemos en la televisión, un espectáculo que nos transmite una terrible advertencia y nos muestra las penalidades a que puede someternos la guerra si no rechazamos la idea de Clausewitz de que es una continuación de la política, y nos negamos a ver que la política que conduce a la guerra es una peligrosa intoxicación.

Para rechazar el mensaje de Clausewitz no es preciso creer, como Margaret Mead que la guerra es un invento, ni hay que propugnar medios para alterar nuestra herencia genética, lo que sería intrínsecamente un proceso derrotista; ni necesitamos liberarnos de nuestras circunstancias materiales. La Humanidad domina el mundo material hasta un extremo que el más optimista de nuestros antepasados de hace doscientos años no habría podido ni soñar. Lo único que hay que aceptar es que, durante cuatro mil años de experimento y repetición, la guerra se ha convertido en un hábito. En el mundo primitivo este hábito estaba circunscrito al ritual y a la ceremonia; en el mundo posprimitivo, el ingenio humano rompió con el rito y las restricciones que se imponían a la guerra, permitiendo que los hombres violentos rebasaran los límites admisibles hasta llegar a extremos inconcebibles. El filósofo Clausewitz decía que 'la guerra es un acto de violencia llevado hasta el límite máximo' y no imaginó los horrores a que conducía su lógica, pero nosotros hemos sido testigos de ellos. Los hábitos de los primitivos, devotos de la restricción, la diplomacia y la negociación, merecen aprender de nuevo. Si no olvidamos los hábitos que nosotros mismos hemos adquirido nos jugamos nuestra propia supervivencia.

John Keegan. 'La ley y el final de la guerra'
en *Historia de la guerra*, 1993:451-458

John Keegan, (1934-2012) profesor irlandés, decano de Historia Militar en la Real Academia Militar de Sandhurst (Gran Bretaña), corresponsal de temas militares en *The Daily Telegraph*, miembro de la *Royal Society of Literature*. Es considerado como uno de los mejores especialistas en Historia militar del Reino Unido.

Lucharemos en las playas por Winston Churchill

Volviendo una vez más, y en esta ocasión en términos más generales, a la cuestión de la invasión, observo que nunca ha habido en todos estos siglos una situación similar a la presente, en la que no podemos jactarnos de dar a nuestro pueblo una garantía absoluta que lo proteja de la invasión, y menos aún de ataques graves. En los días de Napoleón, el mismo viento que habría podido impulsar a sus navíos de transporte a través del Canal de la Mancha también habría podido alejar a la flota que mantenía el bloqueo. Siempre se dependía de la casualidad, y es precisamente ese azar el que ha excitado y confundido la imaginación de numerosos tiranos del continente. Muchas son las historias que se cuentan. Estamos seguros de que se adoptarán nuevos métodos y, -cuando conozcamos la originalidad de la argucia y el ingenio de la agresión que nuestros enemigos vayan a desplegar- podremos ciertamente prepararnos para cualquier tipo de nuevas estratagemas y toda clase de maniobras brutales y traicioneras. Creo que no hay idea por descabellada que parezca, que no merezca ser considerada con espíritu escrutador pero, al mismo tiempo, espero que sea firme. No debemos olvidar nunca las sólidas garantías que nos ofrecen nuestra potencia en el mar y nuestra fuerza en el aire.

Personalmente, tengo plena confianza en que, si todos cumplen con su deber, si no se descuida nada, y se adoptan las mejores determinaciones, tal como estamos haciendo, una vez más demostraremos que somos capaces de defender nuestra isla natal, de alejar la tormenta de la guerra y de sobrevivir a la amenaza de la tiranía, si es necesario durante años o solos. En cualquier caso, eso es lo que vamos a intentar hacer. Tal es la decisión del gobierno de Su Majestad, de todos y cada uno de sus hombres. Tal es la voluntad del Parlamento y de la nación. El Imperio Británico y la República Francesa, unidos por una misma causa y por una misma necesidad, defenderán hasta la muerte su tierra natal, ayudándose mutuamente como buenos camaradas y hasta el límite más extremo de sus fuerzas. Incluso aunque grandes territorios de Europa y muchos antiguos Estados hayan caído o vayan a caer en las garras de la Gestapo y de la odiosa maquinaria nazi, no flaquearemos ni fracasaremos. Lucharemos en Francia, lucharemos en los mares y océanos, lucharemos con creciente confianza y creciente fuerza en el aire, defenderemos nuestra isla, cualquiera que sea el coste de ello, lucharemos en las playas, lucharemos en los aeródromos, combatiremos en los campos y en las calles, pelearemos en las colinas: nunca nos rendiremos. E incluso si, caso que no contemplo ni por un momento, la isla o una gran parte de ella fuera sometida y abatida por la inanición, entonces nuestro Imperio más allá de los mares, armado y protegido por la flota británica, proseguiría la lucha hasta que, cuando Dios lo quiera, el Nuevo Mundo, con toda su potencia y poder, de un paso adelante para lograr el rescate y la liberación del Viejo'.

Jakob Field. *Discursos que inspiraron la Historia*, 2021:149-152.

Sir Winston Leonard Spencer Churchill (1874-1965), político, militar, escritor y estadista británico, Primer ministro del Reino Unido de 1940 a 1945 durante la Segunda Guerra Mundial por el Partido Conservador. Ganador del Premio Nobel de Literatura, pintor prolífico y uno de los políticos con más años de servicio en la historia del Reino Unido. Ampliamente considerado una de las figuras más importantes del siglo XX, Churchill sigue siendo respetado como un líder victorioso en tiempos de guerra que jugó un papel importante en la defensa de la democracia liberal europea contra la expansión del fascismo.

After the War by Howard Zinn

President Obama keeps one of his many campaign promises, he will withdraw the majority of American troops from Iraq by the summer of 2010, and the war will have finally ended. In this piece, which appeared in the January 2006 issue of *The Progressive*, I suggest that now would be a good time to seize the opportunity to put an end to all wars.

The war against Iraq, the assault on its people, the occupation of its cities, will come to an end, sooner or later. The process has already begun. The first signs of mutiny are appearing in Congress. The first editorials calling for withdrawal from Iraq are beginning to appear in the press. The antiwar movement has been growing, slowly but persistently, all over the country. Public opinión polls now show the country decisively against the war and the Bush administration. The harsh realities have become visible. The troops will have to come home.

And while we work with increased determination to make this happen, should we not think beyond this war? Should we begin to think, even before this shameful war is over, about ending our addiction to massive violence and instead using the enormous wealth of our country for human needs? That is, should we begin to speak about ending war, –not just this war- but *war itself*? Perhaps the time has come to bring an end to war, and turn the human race onto a path of health and healing.

A group of internationally known figures, celebrated both for their talent and their dedication to human rights (Gino Strada, Paul Farmer, Kurt Vonnegut, Nadine Gordimer, Eduardo Galeano and others), will soon launch a worlwide campaign to enlist tens of millions of people in a movement for the renunciation of war, hoping to reach the point where governments will find difficult or imposible to wage war.

There is a persistent argument against such a possibility, which I have heard from people on all parts of the political spectrum: We will never do away with war because it comes out of human nature. The most compelling counter to that claim is in History; we don´t find people spontaneously rushing to make war on others. What we find, rather, is that governments must make efforts to mobilize populations for war. They must entice soldiers with promises of money, education, must hold out to young people whose chances in life look very poor that there is an opportunity to attain respect and status. And if those encitements don´t work, governments must use coertion: They must conscript young people, force them into military service, threaten them with prisión if they do not comply.

Furthermore, the government must persuade young people and their families that though the soldier may die, though he or she may lose arms or legs, or become blind, that is a noble cause, for God, for country. When you look at the endless series of wars of this century you do not find a public demanding war, but rather resisting it, until citizens are bombarded with exhortation that appeal, not to a killer instinct, but to a desire to do good, to spread democracy or liberty or overthrow a tyrant. Woodrow Wilson found a citizenry so reluctant to enter the First World War that he had to pummel the nation with propaganda and imprision dissenters in order to get the country to join the butchery going on in Europe.

In the Second World War, there was indeed a strong moral imperative, which still resonates among most people in this country and which maintains the reputation of World War II as the good war. There was a need to defeat the monstruosity of Fascism. It was that belief that drove me to enlist in the Air Force and fly bombing missions in Europe.

Only after the war did I begin to question the purity of the moral crusade. Dropping bombs from five miles high, I had seen no human beings, heard no screams, seen no children dismembered. But now I had to think about Hiroshima and Nagasaki, and the firebombings of Tokyo and Dresden, the deaths of 600.000 civilians in Japan, and a similar number in Germany. I come to a conclusión about the psychology of myself and other warriors: once we decided, at the start, that our side was the good side and the other side was evil, once we had made that simple and simplistic calculation, we did not have to think anymore. Then we could commit unspeakable crimes and it was all right.

I began to think about the motives of the Western powers and Stalinist Russia and wondered if they cared as much about Fascism as about retaining their own empires, their own power, and if that was why they had military priorities higher tan bombing the rail lines leading to Auschwitz. Six million Jews were killed in the death camps (allowed to be killed?). Only 60.000 were saved. A gunner on another crew, a reader of history with whom I had become friends, said to me one day: 'you know this is an imperialist war. The fascists are evil. But our side is not much better' I could not accept his statement at the time, but it stuck with me.

War, I decided, creates, insidiously, a common morality for all sides. It poisons everyone who is engaged in it, howewer different they are in many ways, turns them into killers and torturers, as we are seeing now. It pretends to be concerned with toppling tyrants, and may in fact do so, but the people it kills are the victims of the tyrants. It appears to cleanse the world of evil, but that does not last, because its very nature spawns more evil. War, like violence in general, I concluded, is a drug. It gives a quick high, the thrill of victory, but that wears off and then comes despair.

I acknowledge the possibility of humanitarian intervention to prevent atrocities, as in Rwanda. But war, defined as the indiscriminate killing of large number of people, must be resisted. Whatever can be said about World War II, understanding its complexity, the situation that followed, -Korea, Vietnam- were so far from the kind of threat that Germany and Japan had posed to the world that those wars could be justified only by drawing on the glow of 'the good war'. A histeria about Communism led to McCarthysm at home and military interventions in Asia and Latin America, -overt and covert- justified by a 'Soviet threat' that was exagerated just enough to mobilize the people for war.

Vietnam, however, proved to be a sobering experience, in which the American public, over a period of several years, began to see through the lies that had been told to justify all that bloodshed. The United States was forced to withdraw from Vietnam, and the world didn´t come to an end. One half of one tiny country in Southeast Asia was now joined to its communist other half, and 58.000 American lives and millions of Vietnamese lives had been expended to prevent that. A majority of Americans had come to oppose that war, which had provoked the largest antiwar movement in the nation´s history. The war in Vietnam ended with a public fed up with war. I believe that the American people, once the fog of propaganda had dissipated, had come back to a more natural state. Public opinión polls showed that people in the United States were opposed to send troops anywhere in the world, for any reason.

The Establishment was alarmed. The government set out deliberately to overcome what it called 'the Vietnam síndrome'. Opposition to military interventions abroad was a sickness, to be cured. And so they would wean the American public away from its unhealthy attitude, by tighter control of information, by avoiding draft, and by tighter control of information, by avoiding a draft, and by engaging in short, swift wars over weak opponents (Grenada, Panama, Iraq), which didn´t give the public time to develop an antiwar movement.

I would argue that the end of the Vietnam War enabled the people of the United States to shake the 'war síndrome', a desease not natural to the human body. But they could be infected once again, and September 11 gave the government that opportunity. Terrorism became the justification for war, but war itself terrorism, breeding rage and hate, as we are seeing now.

The war in Iraq has revealed the hypocrisy of the war on terrorism. And the government of the United States, indeed governments everywhere, are becoming exposed as untrustworthy; that is, not to be entrusted with the safety of human beings, or the safety of the planet, or the guarding of its air, its water, its natural wealth, or the curing of poverty and disease, or coping with the alarming growth of natural disasters that plague so many of the six billion people on Earth. I don´t believe that our government will be able to do once more what it did after Vietnam, –prepare the population for still another plunge into violence and dishonor-. It seems to me that when the war in Iraq ends, and the war síndrome heals, there will be a great opportunity to make that healing permanent.

My hope is that the memory of death and disgrace will be so intense that the people of the United States will be able to listen to a message that the rest of the world, sobered by wars without end, can also understand: that war itself is the enemy of the human race.

Governments will resist this message. But their power is dependen ton the obedience of the citizens. When that is withdrawn, governments are helpless. We have seen this again and again in history. The abolition of war has become not only desirable but absolutely necessary if the planet is to be saved. It is an idea whose time has come.

Howard Zinn, *On War*, 2000: 57-69.

Howard Zinn (1922-2011) historiador social, ensayista y dramaturgo estadounidense de origen judío, profesor de Ciencias políticas en la Universidad de Boston. Sus planteamientos incorporaron ideas procedentes del marxismo, el anarquismo y el socialismo. Desde la década de 1960, fue un referente de los Derechos civiles y el movimiento antibélico en los Estados Unidos.

Putin y su nueva Gran Guerra Patriótica por Xosé M. Núñez Seixas

En su alocución para anunciar el inicio de la invasión de Ucrania, Vladimir Putin recurría como legitimación a dos argumentos principales, además del desprecio a Occidente. Primero, que el actual Gobierno de Kiev es nazi. Segundo, que esos nazis estarían llevando a cabo un genocidio contra la población rusófona en el este del país, argumento que recuerda al esgrimido por Stalin en 1939 para invadir Polonia y en este caso para defender a los hermanos ucranios. Putin afirmó además días atrás que Ucrania era una nación artificial, arrancada del solar patrio ruso y construida a costurones. Un invento bolchevique que le dotó de territorialidad. Como en casi todas las nuevas guerras del siglo XXI, la invasión se presentó al principio como una intervención quirúrgica y puntual, que se complementaría con otras formas de guerra híbrida, como el apoyo con tropas mercenarias que Rusia presta desde 2014 a los rebeldes prorrusos de la región del Dombás. Pero esa máscara ha caído: es una guerra clásica y frontal, una invasión en toda regla.

Para quien conozca el pasado convulso de esas tierras ensangrentadas, nada nuevo bajo el sol. Desde hace lustros, el presidente ruso realiza un uso estratégico de la memoria histórica, y en especial del recuerdo de la II Guerra mundial, para defender sus intereses en política exterior. Desde el inicio de la era de Putin, el Estado ruso reinterpreta la remembranza pública de la Gran Guerra Patriótica de 1941-1945 en términos similares a los de la época de Breznev desde los años sesenta. Se habría tratado de una defensa de la patria ruso-soviética frente a un invasor foráneo. A diferencia de épocas anteriores, desaparece ahora cualquier mención al socialismo, y Stalin pasa a ser una figura decorativa. Era el pueblo ruso, el que defendía su existencia frente a un invasor que aspiraba a exterminarlo. Conmemoraciones, memoriales, películas y toda suerte de productos culturales se pusieron al servicio de una narrativa simple pero efectiva y para la mayoría de las familias rusas muy verosímil: fue la nación la que obtuvo la victoria en 1945. Y su capacidad de sacrificio constituiría una advertencia frente a cualquier amenaza real o supuesta, desde la OTAN hasta las antiguas repúblicas de la URSS ahora en manos de revisionistas. En su discurso de 9 de mayo de 2021, en conmemoración de la victoria sobre Hitler, Putin invocaba esos fantasmas del pasado, denunciaba las 'nuevas variantes' del nazismo y a quienes tenían las 'manos manchadas de sangre rusa'. Aviso para navegantes, bálticos o ucranios.

Ucrania es, sin duda, un país dual. En sus regiones occidentales, la mayoría de la población habla ucraniano, comparte un fuerte sentimiento nacionalista y, desde fines de la década de 1980, muchos veneran como patriotas incomprendidos a los nacionalistas ucranios liderados por Stepan Bamdera. Esos patriotas habían entrado en Ucrania en junio de 1941 acompañando a los nazis, proclamaron de manera efímera una independencia del país bajo el patronazgo de Hitler en Leópolis (Lviv / Kiev) y lucharon contra el ejército Rojo, prolongando su resistencia hasta la década de 1950. Eran antirrusos y antipolacos, en su mayoría profascistas y antisemitas, que perpetraron matanzas contra la población civil polaca de Volinia y Galitzia Oriental, así como contra los hebreos. Parte de ellos lucharon en unidades de las Waffen SS, pero también los hubo que combatieron a los nazis. Su memoria fue venerada durante décadas por la diáspora ucrania en EEUU y Europa.

En las regiones centrales y orientales del país, por el contrario, la población mayoritariamente rusófona o de origen ruso rechazó la 'banderización' simbólica del país tras 1991. Muchos rusófonos sentían nostalgia de la URSS, aunque apoyasen la independencia de Ucrania. Siguieron venerando el recuerdo de la Gran Guerra Patriótica, sus monumentos y lugares de memoria, como una parte de su propio pasado y como un símbolo de afirmación etnocultural colectiva. Esa memoria está particularmente viva en ciudades como Járkov o Sebastopol, y se pone de manifiesto cada 9 de mayo en conmemoraciones masivas.

Las políticas de la memoria del Gobierno de Kiev tras 1991 no fueron siempre coherentes. Cuando gobernaron poscomunistas partidarios de la buena vecindad, insistieron más bien en nacionalizar el recuerdo de la Gran Guerra Patriótica y destacar la aportación del país a la victoria contra Hitler, el papel de los soldados ucranios en el Ejército Rojo, los partisanos y el alto número de civiles que murieron a manos de los ocupantes. Los gobernantes más nacionalistas, fuese después de la *revolución naranja* o tras el Euromaidán de 2013-2014, tendieron a ver en Stepan Bandera y sus seguidores como 'héroes de Ucrania' y eliminaron la Gran Guerra Patriótica como una referencia conmemorativa del pasado reciente del país. Esa tendencia es más acentuada en Ucrania Occidental y entre los grupos de ultraderecha, que erigieron desde los años noventa estatuas a Bandera y otros dirigentes que veían en la proclamación de Lviv de junio de 1941 un precedente legítimo. Además, la Ley de Descomunización aprobada por el Parlamento de Kiev en 2015 sancionó la retirada de símbolos comunistas en todo el país, equiparando directamente el régimen soviético con el nazi.

El vecino del norte incide en esas brechas históricas y culturales contribuyendo a amplificarlas. En el nacionalismo ruso actual, empezando por Putin, late la convicción de que Ucrania es parte de la nación rusa. Entre sus mitos de origen se sitúa el Estado medieval del Rus de Kiev (siglos IX-XIII), reivindicado también por el nacionalismo ucranio como precedente. El georgiano Stalin consideró siempre a Ucrania un territorio poco fiable y reacio al socialismo, sobre todo a sus campesinos. Para el nacionalismo ucranio, a la inversa, Rusia es el gran agente externo de la aculturación y desnacionalización de buena parte del país, culpable de la supresión de su efímera independencia en 1918, y último responsable del exterminio de millones de campesinos entre 1933-1934 mediante una hambruna orquestada por Stalin, el *Holodomor*, aunque también fallecieran campesinos rusos. En resumen, Rusia sería el Oriente euroasiático; Ucrania, el Occidente ilustrado.

El cine ruso reciente se hace eco de algunas de esas paradojas. La película; *Somos del futuro* (Andréi Maliukov, 2010) narra cómo dos jóvenes moscovitas y dos ucranios participan en la recreación histórica de una batalla de 1944. Se tiran pullas entre ellos. Sin embargo, tras un viaje en el tiempo que los lleva al escenario real de la batalla, los cuatro se reconcilian y luchan junto al Ejército Rojo contra la División Galitzien de las Waffen SS. Ahora la metáfora se invierte. El conflicto actual es resultado de desencuentros geoestratégicos entre los nacionalistas ucranios del pasado y las ambiciones neoimperiales por parte de Putin. Pero tanto el Kremlin como el Gobierno de Kiev, en distinta medida, llevan años jugando con el fuego de la Historia y la memoria. Ambos pretenden, en diversos grados, imponer una verdad histórica sobre la guerra de 1941-1945, que contribuye a enfrentarlos en el presente.

El País, 2022:28.2

Xosé Manuel Núñez Seixas (1966-), historiador español. Estudió en las Universidades de Santiago de Compostela y Dijon, y se doctoró en Historia Contemporánea en el Instituto Universitario Europeo de Florencia. Es catedrático de Historia Contemporánea en la Universidad de Santiago de Compostela, y entre octubre de 2012 y octubre de 2018 en la Universidad Ludwig-Maximilian de Múnich. Forma parte de los consejos de redacción de las revistas *Historia Social* y *Passato e Presente*.

Ucrania y Rusia: las palabras de la guerra por Juan Gabriel Vásquez

En febrero de este año, cuando Putin lanzó su agresión criminal contra Ucrania, pocos pensaban que la guerra iba a durar tanto, y muchos menos habrían previsto lo que estamos viendo: que Rusia puede ser derrotada. Para todos los que repudiamos la invasión, que en sus inicios parecía una mera reedición de Georgia en 2008 y Crimea en 2014, esto es una buena noticia que llega desde nuestro atribulado presente. Pero a la vez es mal augurio del porvenir, pues un hombre desesperado, aislado y paranoico (educado en la paranoia sin fin del KGB) resulta siempre peligroso; y aún más cuando la inseguridad, el desespero y la paranoia vienen con un arsenal nuclear, y es más temible aun cuando el tiempo pasa y se va haciendo real la metáfora de Churchill: 'Los dictadores andan de aquí para allá montados sobre tigres que no se atreven a desmontar, y los tigres tienen cada vez más hambre'. Con cada mes que pasa, Putin va comprendiendo que la única manera de bajarse del tigre es la victoria total. De cualquier otra forma, corre serios riesgos de que el tigre se lo coma.

Está siendo una guerra extraña. Todas las guerras están hechas en parte de palabras, porque es con palabras como se monta la propaganda, y en el arsenal de Putin eran tan importantes tanto los tanques como las mentiras en las redes sociales. Pero en esta guerra han tenido un papel impredecible. Recuerden el enloquecido discurso de Putin en el Kremlin, cuando sostuvo que Ucrania no era un pueblo, sino una mera extensión de Rusia o del *mundo ruso*; cuando habló de la necesidad de *desnazificar* Ucrania, un país tan nazi que estaba gobernado por un judío elegido por más de dos terceras partes de los votantes; cuando bautizó la invasión o la agresión con ese eufemismo orwelliano: *operación militar especial*. Ese día quedó claro que parte de su estrategia era construir un elaborado relato para acompañar o justificar la agresión; no quedó claro por qué le parecía necesario. La superioridad militar de Putin era avasalladora, y en sus anteriores aventuras militares nunca le pareció necesario acudir a estos efectos retóricos. ¿Por qué ahora sí? ¿y por qué así, con ese relato tan flagrantemente mentiroso?

El discurso de Putin me hizo pensar en esa anécdota que tanto le gustaba a Hannah Arendt: terminada la guerra de 1914, le preguntaron al presidente francés Georges Clemenceau que respondió: 'estoy seguro de que nadie dirá que Bélgica invadió Alemania'. Clemenceau no conocía los totalitarismos que vinieron después y convirtieron la guerra contra la verdad (o por el dominio de la Historia) en una manera de ser. Decir que Ucrania está en manos de un grupo de nazis, y que hay que invadirla para liberarla, es decir que Bélgica invadió Alemania; es también añadir una página al manual del autócrata perfecto, que tiene siempre que erigirse en historiador, pues la mentira sobre el presente está (en el mundo de Putin) ligada íntimamente a su obsesión narrativa con lo que llama la: Gran Guerra Patriótica: la victoria contra los nazis. Ese relato es el que Putin trata de prolongar, pues remite a tiempos heroicos. *Make Russia Great Again.*

Cuando Putin habla de *genocidio* de los ucranianos contra el pueblo ruso de Ucrania, cuando defiende su agresión apelando a las emociones profundas de tantos contra Occidente (la OTAN como humillación, un argumento que demasiados demócratas occidentales, patéticamente, le han comprado sin pestañear), lo que está haciendo es reeditar el relato del victimismo y el resentimiento que siempre ha sido provechoso a los autócratas. Un analista militar hablaba de los que creen que; 'se pueden limpiar los pies con Rusia'. En la retórica de los putinianos, la idea de humillación aparece constantemente. Nos han humillado; nos han traicionado, somos el hazmerreír del otro (Occidente, la OTAN, los ganadores de la Guerra Fría). La estrategia no es nueva. Parte del éxito de Hitler fue el aprovechamiento de la; 'leyenda de la puñalada en la espalda' que surgió después de la Primera guerra y sostenía esta versión, la guerra no se había perdido militarmente, sino que Alemania fue traicionada por la izquierda, los comunistas y los judíos, que persiguieron sus propios intereses en desmedro de la patria rusa.

Hay que recordar, ahora que la muerte de Gorvachov todavía se siente, los desaires que le hizo Putin, que la razón principal del desprecio era esa acusación imprecisa: Gorbachov, según Putin, manchó la reputación de la Unión Soviética. ¿Cómo? Con sus esfuerzos para recuperar la verdad de la Historia que el estalinismo había distorsionado o reescrito. Gorvachov se atrevió incluso a hablar de los pactos secretos entre Hitler y Stalin que permitieron, entre otras brutalidades, el ataque a Polonia o de las decisiones secretas que condujeron al aplastamiento de la Primavera de Praga. No hay ninguna manera más resultona de desactivar los escepticismos de sus ciudadanos o de granjearse nuevas simpatías, pues siempre hay alguien que se siente humillado, pisoteado o ninguneado, y esas emociones etéreas son las que mueven el mundo. De eso se trató desde el primer día de la campaña de Donald Trump: *Made America Great Again* hubiera sido imposible sin el rencor acumulado e impreciso de millones de votantes vulnerables, desinformados e incapaces de distinguir la verdad de la mentira.

Pero en su *guerra de palabras*, Putin no contaba con las de Zelenski. Son las palabras precisas y sencillas de un actor entrenado, un hombre que conoce los ritmos del lenguaje y los usa para lograr efectos meditados. El espectáculo sería fascinante incluso si las palabras de Zelenski no vinieran acompañadas de valentía genuina: incluso si no tuviera de su lado la razón y los valores de la libertad, la dignidad y la defensa de la vida. Pienso, por ejemplo, en las palabras que pronunció desde una pantalla frente a las Naciones Unidas: yo vi la transmisión por una cadena norteamericana, y ni siquiera la intérprete podía evitar que la voz se le quebrara. Impredeciblemente, este comediante (que llegó a la presidencia montado no sobre un tigre, sino sobre el unicornio de colores de la industria del entretenimiento) se ha convertido en un líder genuino. Por supuesto que una frase bien escogida, pronunciada con la emoción precisa, no defiende un centro comercial de un misil ruso, pero habría que ser muy cínico para no ver en la actitud y la voz de Zelenski una de las razones de la supervivencia de Ucrania.

Frente a él, Putin parece cada vez más una bestia herida, un matón de barrio de pecho tan desnudo como su lenguaje, incapaz de comunicarse con nadie y aislado de las comunicaciones con los demás. Acaba de decretar una movilización militar que implica el reclutamiento forzoso de miles de rusos, y lo que ve por la ventana es que los rusos, -casi 300.000- huyen desesperados hacia otras partes, y los que no huyen, lanzan cócteles molotov contra los centros de reclutamiento. Se ve que el relato de patriotismo muestra graves grietas y Putin lo resiente, o su silencio es resentido. Hace tiempo que no hace declaraciones. Es como si se hubiera quedado sin palabras.

El Mundo, 29.9.2022

Juan Gabriel Vásquez Velandia (1973-) Escritor colombiano considerado uno de los novelistas latinoamericanos más importantes de su generación que también ha destacado como periodista y traductor. Hasta la fecha ha publicado siete novelas, dos volúmenes de cuentos y dos libros de ensayos. Su novela más conocida es, *El ruido de las cosas al caer* por la que recibió el Premio Alfaguara de Novela y el Premio Literario Internacional IMPAC de Dublín.

Un demiurgo del terror por César Antonio Molina

El sueño de Nabucodonosor fue resumido por Daniel de la siguiente manera: 'el poder es siempre temporal'. Sobre lo efímero de la política y, sobre todo, del poder político absoluto. El poder no es una entidad inherente a los grupos o individuos, sino que expresa un estado relacional de las cosas. Es un atributo de las relaciones en cuyo seno se ejerce. Solo hay hoy en día dos formas de gobernar: compartir el poder, como en los sistemas democráticos, o bien a través de la concentración del poder. El parlamentarismo, la división de poderes, los controles constitucionales, las libertades o las elecciones son los atributos de la primera forma. El totalitarismo, los populismos autoritarios, las ideologías sectarias y fanáticas conforman la segunda opción. El político italiano Luigi Sturzo definía al bolchevismo como una dictadura comunista o fascismo de izquierdas, mientras que al fascismo lo calificaba de dictadura conservadora o comunista de derechas. Putin carece de ideología. Sería como pedirle a Al Capone que la tuviera. Su nacionalismo zarista le vale para ocultar uno de los más grandes latrocinios de la historia. ¿Cómo se lo han venido permitiendo sus conciudadanos? John de Salisbury era muy implacable con aquellos pueblos que no eran capaces de deshacerse de sus tiranos; por esta razón, para él, el tirano era la manera en que Dios castigaba a los súbditos pecadores.

Él, su partido y el Estado son la misma cosa. Quienes están contra él lo hacen contra Rusia. En vez de utilizar la persuasión y el diálogo, Putin ha resucitado con verdadera maestría el terror. Ha rehabilitado la figura de Stalin y prohibido que se hable mal del mundo soviético. No en vano él fue uno de sus verdugos. Putin se ha convertido en un demiurgo (un dios creador y autor del universo) gigantesco. Se ha autoproclamado administrador de la fuerza y la violencia. El asesinato político en Rusia se ha convertido en una de las bellas artes, y a comenzado a exportarlo a nuestras democracias. En estos años ha trasladado el estado de guerra a la vida civil. Putin comete crímenes de derecho común contra sus ciudadanos, pero también crímenes de guerra y de lesa humanidad. La figura del asesino, del jefe de banda o sicario, se metamorfosea a medida que los instintos de crueldad extrema se liberan y el miedo brota de las entrañas. La repugnancia por matar y el tabú del homicidio se están viendo gravemente erosionados. Putin, como el dictador Sila en la antigua Roma, presume, disfruta y divulga su maldad. No la oculta porque entonces perdería su efectividad. Salustio escribió que el éxito de este cruelísimo dictador se basaba en el crimen y la traición 'porque pensaba que solo puede estar a salvo si es todavía peor y más detestable que lo que se teme de él'.

Las conductas bélicas migran al terreno cotidiano. La crueldad se convierte en práctica corriente. Las pulsiones violentas se ejercen bajo la ley de la desinculpación. En Rusia, como en la antigua Roma o en la Europa renacentista, se deshacen de los opositores sin tener que dar cuenta a nadie. E incluso de los cadáveres, como estamos conociendo horrorizados a través de crematorios móviles. Unos inventos perfeccionados por los nazis. Putin ha mejorado los peores tiempos del zarismo-bolchevismo. Las sangrías y los movimientos de masas han vuelto. Hay que deshacerse de las *células malas o enfermas*. Y, mientras tanto, nuestras democracias malcriadas siguen viviendo la *dolce vita*. La principal amenaza de nuestras democracias son ellas mismas. En su seno, aparentemente apacible, albergan cada vez más miles de personas que no quieren pensar y juzgar por sí mismas. Han renunciado a su libertad, la han malvendido, o les da miedo el propio demiurgo.

Estamos en una época del *pathos* de la demolición de la sociedad, de esculpirla y sustituirla por un tirano o un nanomundo, el de los dispositivos tecnológicos, neuronales y computacionales. La razón, el derecho, la ética, ya se consideran incapaces de abrir nuevas vías a la emancipación de la humanidad. La autoridad ya no reside en la capacidad de pensar y en el sentido crítico. Vladimir Putin trata a la mayoría de sus conciudadanos como *sobrantes*. Cuantos más muertos en sus propias filas, mejor. Y, además, como Stalin, los considera traidores. Como a los prisioneros, por no haber salido victoriosos ante el enemigo. De ahí que extinga su memoria.

El crítico e historiador de la literatura Mijáil Bajtin es un ejemplo de lo esencial que ha sido la cultura rusa, escribió que todos los poderes terrenales tendían a crear una disciplina entre sus súbditos con la ayuda del *miedo oficial*; una réplica artificial a medida del *miedo cósmico*, el miedo a la naturaleza desconocida. La producción del *miedo oficial* es la clave de la eficacia del poder. Y Putin ha demostrado ser, desgraciadamente, un maestro. La apatía y la pérdida del interés por la política en Rusia, además del cúmulo de informaciones no veraces, ha conducido a su población a un conformismo patológico. La sociedad ya no puede sobrevivir fuera de la sombra mafiosa.

Pero Europa, a pesar de sus contradicciones, siempre ha estado ahí con su espíritu de; tolerancia, humanidad, fraternidad y libertad. Para Havel estos adjetivos le eran más que suficientes. Lo mismo sintió Mijaíl Gorbachov cuando en el año 1997, en una entrevista, comentó que tenía que reavivar 'unos valores universalmente conocidos de los que nos desentendimos'. También Europa se desentendió del derrumbe de; la URSS, de Yugoslavia, Chechenia, de Afganistán, de Irak, de Georgia, de las migraciones. Y no quiso ver la mayoría de edad de; China, India, Turquía, Irán y Corea del Norte. El mundo, en este abandono provocado por la sociedad del bienestar, se volvió absolutamente imprevisible. Y el aislacionismo de EE.UU, sobre todo con Donald Trump, provocó este resurgimiento volcánico de los conflictos bélicos. El presidente Macron lo dijo bien en uno de los últimos discursos en la campaña electoral para su reelección: 'Europa es nuestro horizonte, aquello que nos brinda un futuro'. Y Europa es Ucrania.

Ucrania no sólo está luchando por su independencia y por nuestras democracias occidentales, sino que también está luchando por destruir a un tirano y ayudar a sus vecinos a reinstaurar la democracia. Europa debe ayudar con armas a Ucrania, pues es también nuestra propia guerra. No podemos estar pendientes durante décadas de las amenazas de este asesino. No hay paz para Putin, masacrador de civiles, demoledor de ciudades y de un gigantesco patrimonio artístico y cultural. Putin debe ser derrotado y juzgado. Como en su momento debió ser juzgado el régimen soviético de la misma manera que lo fue el nazismo. Sin llevar a cabo esto, seguirá siendo impune. Europa debe afianzarse en el mundo como la gran potencia que es, pero ya sin viejos complejos y fantasmas.

Los ejércitos europeos son los ejércitos de la libertad. Los ejércitos de la OTAN son los ejércitos de la democracia. Si Europa se derrumbase ya sólo quedaría el mundo en manos de autócratas sanguinarios. Y con Europa también me refiero al resto de las democracias en otros continentes. Destruir a Putin es ayudar al pueblo ruso. No será fácil, pero está en peligro la propia supervivencia del ser humano al que este nuevo *padrino está decidido a destruir*. Putin debe ser juzgado en rebeldía. Hay que avisar de que nadie que se ha tomado la justicia (su justicia) por la mano, puede salir impune. El presidente de Ucrania lo dijo bien: 'Ser o no ser'. *Ser* es la única elección.

El País.2022:14.4.

César Antonio Molina (1952-). Licenciado en Derecho y en Ciencias de la Información. Doctor en Literatura. Fue profesor de Teoría y Crítica Literaria en la Universidad Complutense y de Humanidades en la Universidad Carlos III. Director adjunto de *Diario 16*, dirigió el Círculo de Bellas Artes, el Instituto Cervantes y ha sido ministro de Cultura.

Putin hace una interpretación selectiva del pasado por Elif Shafak

Elif Shafak ha experimentado de primera mano la involución autoritaria de Turquía. La escritora, autora de, *La bastarda de Estambul* y muchas otras novelas y ensayos de éxito, fue perseguida por el régimen de Erdogan y ahora vive en Londres desde hace años donde ha adquirido la ciudadanía británica. Políticamente comprometida con los derechos humanos, ofrece una mirada privilegiada para analizar la deriva de Rusia que desembocó en la agresión contra Ucrania.

P.: -¿Cree que existe una trayectoria similar en países autoritarios como Turquía o Rusia?

R.: -El autoritarismo conduce o al aislamiento o al expansionismo. En el primer caso, existe esa percepción de ser diferente, de estar rodeado de enemigos, de no poder confiar en nadie. Se trata de una especie de paranoia. En el segundo, lo que determina todo es una nostalgia por un imperio perdido. La nostalgia imperial me parece muy peligrosa, porque en el fondo la memoria es selectiva: se cree que el pasado estuvo lleno de grandeza, que fue una época dorada que otros nos han arrebatado y necesitamos recuperar. Ésa es la narrativa que Rusia está usando ahora. Y no es una narrativa inocente.

P.: -¿Da la impresión de que en Rusia el aislacionismo y el expansionismo se retroalimentan?.

R.:-Sí, así es. Un régimen autoritario genera aislamiento. La narrativa es siempre que no se necesita la democracia porque es ajena a su identidad. Así se construye este aislacionismo que luego se convierte en expansionismo.

P.:-La narrativa del aislamiento y la diversidad alimenta la idea de amenaza externa y así el expansionismo se presenta como un elemento defensivo.

R.:-Exactamente. La paradoja es que en esta narrativa se presenta la agresión como el resultado de haber sido víctima de una injusticia. No solo hay una propaganda y desinformación sistemática, sino también una distorsión del relato: la construcción de una nueva narrativa basada en la victimización. Los imperios hacen esto cuando dicen que su declive se debe a que les han robado territorios. Esta argumentación es tóxica y distorsiona la realidad.

P.:-Parece increíble que en pleno siglo XXI debamos enfrentarnos a la nostalgia imperial en el corazón de Europa.

R.:-Esta es una guerra de memoria. Nos dijeron que los siglos XIX y XX habían terminado y que las próximas guerras serían de información, pero lo que está sucediendo ahora es una guerra del siglo XIX dirigida contra civiles, pero basada en los recuerdos de un pasado dorado. La memoria es la palabra clave. Estamos ante una guerra muy emocional: Putin siempre ha sido presentado como un hombre racional y calculador, un clásico hombre de la KGB sin emociones, pero es falso. Putin juega con las emociones: si no entendemos el pasado no podemos entender lo que sucede hoy. Y cuando digo el pasado me refiero a la interpretación del pasado, su reescritura. Si les preguntamos a los ucranianos qué fue el pasado, nos contarían una historia diferente. La de Putin es una interpretación selectiva y filtrada del pasado, pero los autócratas se basan en eso.

P.:-¿Hay esperanza para Rusia o está condenada a la autocracia?

R.:-Los regímenes autoritarios siempre tratan de dar la impresión de ser un bloque homogéneo, pero nunca lo son. Aunque el régimen de Putin intente sofocar toda oposición, hay jóvenes en Rusia que no quieren la guerra y protestan en la calle. Y hay ancianos que vieron la Segunda Guerra Mundial y que también protestan. El autoritarismo no funciona a la larga. Aunque por el momento soy pesimista. Debemos darnos cuenta de que la democracia es frágil y que Occidente se ha dividido internamente.

P.:-¿Es ésta una llamada de atención para Occidente?

R.:-Para todo el mundo. Creo en el humanismo en el mundo. Las personas que creen en la democracia y el pluralismo deben alzar la voz. Debe haber solidaridad mundial y desde luego, occidental. La democracia no es perfecta: es más frágil de lo que creemos. Es un ecosistema muy delicado de pesos y contrapesos que no puede considerarse garantizado. Hay que construir una democracia pluralista e incluyente que respete la diversidad. Es lo más difícil, pero es el camino que nos lleva adelante.

P.:-Parecía que algo como lo que estamos viviendo quedaba para siempre enterrado en la Europa contemporánea.

Ha habido demasiado optimismo sobre todo a finales del siglo pasado. Desde que se derrumbó el muro de Berlín y se disolvió la URSS se tenía la expectativa de que el único camino que quedaba era la democracia liberal y que gracias a la tecnología la democracia se extendería por todas partes. Fue un gran error confiar demasiado en las tecnologías de la información. En realidad, la información no es conocimiento ni sabiduría. Son cosas muy diferentes: demasiada información abruma y además sólo se consigue mucha desinformación. Entonces, ¿cómo obtenemos el verdadero conocimiento?. Necesitamos; libros, periodismo de investigación y no redes sociales. Pero también son necesarias conversaciones con matices, aunque parezca que no hay tiempo para eso. La sabiduría requiere inteligencia emocional.

El Mundo, 12.4.2022.

Elif Shafak (1971-) escritora de origen turco. Ha publicado 17 libros. Escribe tanto en turco como en inglés y ha sido traducida a 50 idiomas. Su última novela, *10 Minutes 38 Seconds in this Strange World* fue finalista del premio Booker Prize. Es la autora más leída en Turquía. Ha enseñado en varias universidades en; Turquía, Gran Bretaña y Estados Unidos. Defensora de los derechos de las mujeres y de la libertad de expresión. Ha participado en varias charlas inspiradoras en TED Global. Sus obras se basan en diversas culturas y tradiciones literarias e intenta unir oriente y occidente reflejando su interés por la historia, la filosofía, el sufismo y el papel de la mujer en la sociedad, las minorías y los inmigrantes. En 2010 recibió la distinción francesa Orden de las Artes y las Letras.

Ucrania guerra sin cuartel por Araceli Mangas Martín

Rusia, el Estado agresor, amenazó con *aniquilar* a los defensores ucranianos de Mariupol. Tal acción, la amenaza, es un crimen de guerra. Está prohibido declarar que no se dará cuartel, es decir: 'Queda prohibido ordenar que no haya supervivientes, amenazar con ello al adversario o conducir las hostilidades en función de tal decisión' (artículo 23b del *Reglamento de la Guerra Terrestre-Convenio IV de La Haya y artículo 40 del Protocolo I Adicional de 1973*, de los que Rusia es parte). La negación de cuartel es una de las acciones más repugnantes en tiempos de guerra por demostrar impiedad y desprecio hacia los vencidos sin respetar su derecho a defender su patria y su derecho a la vida como prisioneros de guerra. Claro, sin olvidar imágenes, –servidas por la prensa occidental- de soldados ucranianos disparando a los pies de soldados rusos que se rendían.

La guerra sin cuartel es la continuación de una violación sistemática por parte de Rusia de las normas internacionales que rigen las hostilidades en los conflictos armados. Rusia se está comportando como un Estado salvaje, como hace miles de años, ajeno a toda norma civilizada y a la tradición del jurista ruso F. Martens, delegado en las conferencias de La Haya, que logró un acuerdo: 'Las poblaciones beligerantes quedan bajo la protección de las leyes de la humanidad y las exigencias de la conciencia pública' (claúsula Martens, incluida en los cuatro convenios de Ginebra).

Sobre la naturaleza del conflicto armado se han suscitado atrabilarias calificaciones tanto por Moscú como por los comentaristas y políticos españoles. Rusia disfraza su agresión como si fuera una acción armada interna o una operación de castigo de ida y vuelta. *Operación militar especial* es la consigna goebbeliana rusa. Al negar el conflicto armado internacional Rusia ha eludido la obligación de nombrar *potencia protectora* o Estado de confianza de cada beligerante encargado de ser un medio de comunicación y enlace entre los contendientes para la correcta aplicación de los convenios y, en especial, la protección de las víctimas (visita a los prisioneros de guerra, auxilio a las víctimas). Ambos estados siguen sin notificar, como es su obligación, dónde están sus hospitales y campos de prisioneros. Ucrania ha aceptado la retórica rusa sin nombrar su *potencia protectora* y ha negociado directamente con su agresor. En la guerra de las Malvinas, por poner un ejemplo, Brasil ejerció por Argentina y Suiza por Reino Unido, en la del Golfo (enero, 1991), a falta de acuerdo sobre terceros estados, aceptaron al Comité Internacional de la Cruz Roja.

Bajo la retórica del *conflicto interno*, Rusia ha ordenado el desplazamiento forzoso de poblaciones ucranianas hacia territorio ruso infringiendo la prohibición de desplazamientos forzados de civiles hacia el territorio del Estado ocupante (artículo 49 del *Convenio IV* de Ginebra), pudiendo ser un crimen de lesa humanidad acordar corredores humanitarios para evacuar a la población y disparar contra ella. Otros crímenes son la destrucción de decenas de ciudades o de las barriadas de Kiev con el único fin de causar muertos entre la población civil; también la destrucción generalizada de los bienes e infraestructuras civiles sin aportar *ventaja militar definida* al Estado agresor y solo empobrecer al agredido. Es claro que no han contribuido *eficazmente a la acción militar*, pues se han retirado de esas ciudades (artículo 52-54 del *Protocolo I*). Otros bienes tienen prohibiciones absolutas de ataques (escuelas, hospitales, orfanatos) que igualmente han sido destruidos por las fuerzas armadas rusas. Ambas partes han intercambiado al menos dos veces prisioneros de guerra, algo casi insólito hasta que no termine el conflicto.

A propósito de la guerra de Putin, resulta ridícula la consigna del Gobierno de Sánchez que secundan ministros sumisos y medios de comunicación. Decir que el pueblo ruso está al margen es hacer melindres de monjas. Sin olvidar que el encarcelado opositor ruso Navalny apoyó la invasión de Ucrania en 2014. No es una actividad privada de Putin. Su agresión es un hecho ilícito internacional y responsabilidad del Estado ruso, -del que es su jefe de Estado- y de todos sus órganos (legislativo, ejecutivo y, en función de sus actuaciones, los judiciales, como ya pasara en los juicios de Núremberg sobre los jueces que callaron o encubrieron los actos criminales), y también responsabilidad histórica del pueblo ruso, como lo fue el Estado y el pueblo alemán en la guerra de Hitler que no fueron los únicos villanos de aquella tragedia.

Es una guerra de Rusia contra Ucrania. Y si, en caso de derrota, se pudieran exigir indemnizaciones de guerra, serían aportadas por el Estado ruso y no por Putin. Y si fuera la guerra de Putin, también sería la de Zelensky. Toda Ucrania es la que sacrifica sus vidas y hogares.

Son también histriónicas las discusiones de los medios de comunicación españoles y falsos expertos cuando se dividen entre los que dicen que *esto* no es una guerra, sino una invasión, o al revés. Quizás estén anclados en el siglo XVIII cuando algunas guerras eran un divertimento entre reyes y nobles, y acordaban el lugar y la hora de inicio y descanso para sus ejercicios guerreros, así como quien iniciaba el primer disparo (la *politesse* francesa invitaba a los ingleses al primer tiro de cañón). Aquel tiempo ya pasó.

Si lo que ocurre en Ucrania no es una guerra, ¿son entonces juegos florales? Hay combates ¿o no?. Luego, si hay guerra o conflicto armado. Una guerra es un enfrentamiento armado causado por un Estado que ataca a otro. Habida cuenta de que el uso de la fuerza en las relaciones internacionales está prohibido, el Estado que inicia los movimientos (terrestres, aéreos o navales) es el agresor, en este caso, Rusia. Y ya no se precisa la declaración internacional de guerra o notificación (otra cosa es la autorización previa por los parlamentos nacionales). No es posible una guerra sin un amplio ataque o agresión (armada o ciberataque), la agresión es un concepto jurídico detallado (*Resolución 3314*, Asamblea General de la ONU, 1967; *Manual de Tallín 2.0* para la ciberguerra). No es posible una guerra (convencional) sin invasión por fuerza terrestre, aérea (tripulada o no) o naval.

Luego, primero hubo una invasión (el hecho de traspasar por la fuerza una frontera internacional), que continúa. Como hubo resistencia legítima de la agredida Ucrania, hay combates cuyo conjunto es la guerra *en Ucrania* (no de Ucrania). Así que se tranquilicen los periodistas y excelsos expertos ajenos al Derecho Internacional, que lo que sucede en Ucrania es una invasión y una guerra. En 2014, en la zona invadida de Crimea, no hubo resistencia, ni hubo combates (guerra), si bien es una zona bajo ocupación bélica (siempre ilegal, como el Sahara).

El supremacismo nacionalista ruso niega el derecho de legítima defensa de Ucrania y ha amenazado si se realizan acciones que alcancen objetivos militares en territorio ruso. En el caso del ataque ucraniano con helicópteros a una refinería rusa (Belgorod). La legítima defensa no permite al Estado agredido apoderarse del Estado agresor, aunque sí repeler mediante ataques proporcionados y limitados en su propio territorio.

Como en casi todas las guerras, hay retórica sesgada. Nos escandalizamos por tantos crímenes de guerra. Correcto y justificado, pero no son los primeros que se cometen ni quedarán impunes en este siglo XXI. La agresión ilegal y ocupación por EE.UU y Reino Unido de Irak en 2003 llevó la muerte a unos cien mil civiles (con cifras muy superiores en diversos informes). Todo impune; un país destrozado. El bombardeo durante 78 días seguidos en 1999 por la OTAN (¿alianza nunca ofensiva?), miles de casas destruidas, ocupación parcial de Serbia y posteriormente amputación de Kosovo en 2008. Todo impune, incluida la pérdida territorial, como en el Sahara. El Derecho Internacional obliga por igual a los amigos y enemigos.

El Mundo, 22.4.2022

El delirio de la soberanía absoluta por Araceli Mangas Martín

La decisión de Rusia de integrar bajo su soberanía las zonas ocupadas de cuatro regiones de Ucrania es un acto ilícito internacional de extrema gravedad y no debiera tener efectos jurídicos en su favor. Se añade a su grave crimen de agresión continuado desde el 24 de febrero pasado (2022). La anexión es una coartada para una nueva violación de la independencia, soberanía e integridad territorial de Ucrania.

El Derecho Internacional en vigor establece de forma imperativa, -sin margen de discrecionalidad ni acuerdo en contrario- la obligación de los Estados de abstenerse de todo uso o amenaza de fuerza armada en las relaciones internacionales (art. 2.4. de la *Carta de Naciones Unidas*). Las consecuencias jurídicas de las adqusiciones territoriales mediante el uso de fuerza armada se regulan en la vinculante *Resolución 2625/1970* en la ONU, aprobada por consenso: 'El territorio de un Estado no será objeto de adquisición por otro Estado derivada de la amenaza o el uso de la fuerza. No se reconocerá como legal, ninguna adquisición territorial derivada de la amenaza o el uso de la fuerza'. Y la *Resolución 3314/1974*, sobre la definición de la agresión, reiteraba el consenso jurídico sobre la nulidad de efectos de una adquisición territorial mediante el uso de la fuerza armada se gane o se pierda la guerra. De un ilícito no puede nacer nada lícito.

En definitiva, las modificaciones territoriales realizadas por Rusia en Ucrania no pueden reconocerse por su agresión y ocupación bélica y, en consecuencia, no dan lugar a una sucesión de derechos de un Estado ocupado en favor de un Estado ocupante. Sería una contradicción reconocer la vigencia de la norma que prohíbe el uso de la fuerza y la legalidad de un acto cometido en violación de dicha norma. Los actos ilegales no pueden crear derechos a favor del infractor. Un Estado solo puede ampliar su soberanía territorial legalmente si la adquisición se produce de conformidad con el Derecho Internacional y, en particular, con los principios incorporados en la Carta de las Naciones Unidas. Los referendos organizados por la potencia ocupante nunca tienen valor jurídico ni otorgan legitimidad alguna. No pueden blanquear su agresión ni sus crímenes. No tiene sentido hablar de aplicarles el Código de Buenas Prácticas de la Comisión de Venecia pues, ni respetándolo, tales referendos pudieran validar algo.

Cualquier decisión unilateral de Rusia es nula, sin efectos jurídicos, es un mero estado de hecho. Y no puede borrar de plano la agresión al Estado víctima de la agresión ni el inherente y permanente derecho de legítima defensa de Ucrania, es decir, a rechazar militarmente a las fuerzas agresoras hasta recuperar total o parcialmente el territorio invadido por el enemigo. Siguen siendo Estados en guerra, el agresor y el invadido, al margen del reconocimiento del estado de guerra o declaración de guerra. Por tanto, la guerra de legítima defensa sigue sucediendo solo en territorio de soberanía de Ucrania. Y un Estado agredido tiene derecho a obtener ayuda económica, militar, social y financiera del conjunto de Estados civilizados, tal como lo está haciendo la Unión Europea.

Fue un avance civilizatorio extraordinario para la Humanidad que, desde 1945, con la entrada en vigor de la Carta, no se admita ya la conquista territorial como método de adquisición de territorios. Era legal hasta entonces, si bien la norma no tiene efectos retroactivos para estabilizar las fronteras anteriores a 1945 como cicatrices de la Historia.

Todos los territorios que se ha anexado Rusia son territorios fruto de dos invasiones, en 2014 y 2022. La ocupación bélica es un hecho no deseable, pero si sucede, está sujeto a normas. Tanto el *Reglamento anexo al Convenio IV de La Haya sobre leyes y usos de la guerra terrestre* (1907) como el *Convenio IV de Ginebra* (CG-IV) sobre protección de personas civiles en tiempos de guerra y algunas normas del *Protocolo Adicional de 1973* regulan la ocupación bélica. La ocupación rusa en las zonas que controla de forma efectiva debe atenerse al régimen internacional de ocupación bélica. Estas normas se aplican haya o no habido declaración o reconocimiento del estado de guerra y aclaran que, incluso sin resistencia, sigue siendo una ocupación bélica (caso de Crimea, art. 2.1., CG-IV). Toda ocupación es por definición temporal, mientras dure la guerra, mientras conserve el territorio ocupado sin liberar por el agredido, y hasta la obligación de retirada del ocupante o por algún tipo de acuerdo que ponga fin a la guerra. La victoria tampoco da derecho a anexar territorios ocupados.

En la normativa internacional se concreta que Rusia no puede incorporar el territorio ocupado a su territorio, no puede aplicar el Derecho ruso (ni constitucional, ni civil, ni penal administrativo). Es el 'principio de continuidad del orden jurídico del ocupado', debe 'restablecer y conservar, en cuanto sea posible, el orden y la vida pública, respetando, salvo impedimento absoluto, las leyes vigentes en el país'. No debió alterar el estatuto de los; funcionarios, magistrados, policía, autoridades locales. No debió hacer traslados de la población ocupada hacia el territorio ruso (crimen contra la humanidad); debe respetar la propiedad privada con requisas limitadas e indemnizadas. No puede comerciar con los bienes del territorio ocupado (como apropiarse del grano y venderlo como propio). Aunque podrá ser 'administrador y usufructuario' de los bienes públicos que sean útiles para 'las operaciones de guerra.'

En las zonas ocupadas no puede obligar a la población a servir en el ejército ruso, tentación que ahora tendrá al creerse su propia fantasía de que los antiguos ucranianos son ahora 'rusos' y aplicarles la movilización. Ni puede obligarles a prestar juramento de lealtad a la potencia ocupante, al enemigo encarnado en Rusia.

Sigue siendo un conflicto armado internacional, en el que los actos de resistencia del ejército ucraniano y de su población son actos legítimos si respetan los *Convenios de Ginebra*. Rusia debe respetar el estatuto de prisioneros de guerra y no convertir a los ucranianos en; rebeldes, desertores o traidores a quienes combaten por la libertad de su patria ucraniana. Como dice el *artículo, 47 CG-IV* no puede dejar sin el Estatuto internacional de protección a las personas protegidas (población civil, combatientes enemigos o sus autoridades) y 'no decaerán tales obligaciones en ninguna circunstancia ni en modo alguno'. Imperativo y rotundo.

Cierto que Rusia ya ha infringido de forma sistemática casi todas las obligaciones como potencia ocupante, sumadas a los innumerables crímenes de guerra y contra la humanidad en su conducción de las hostilidades. Hay que reconocer que Putin ha superado a Hitler, quien en los muchos Estados invadidos desde 1939-1945, -en los que hubo incontables crímenes de guerra y contra la humanidad- solo sumó limitadas violaciones a sus obligaciones como ocupante en las ciudades tomadas. Es verdad que no es el primer Estado que se anexa territorios invadidos y ganados en una guerra después de 1945. Ya lo hicieron los agresores Israel (territorios palestinos y sirios) y Marruecos (Sahara) con la vista puesta en el transcurso del tiempo (efectividad y prescripción adquisitiva). Rusia ha puesto luces largas: sabe que desde EE.UU a España se legitimaron aquellas anexiones. No hay un Derecho Internacional para el enemigo.

Rusia es el ejemplo delirante de un concepto de soberanía absoluta que emerge en los últimos años en la sociedad internacional en las corrientes nacionalistas. Soberanía al margen del Derecho Internacional. Es la dominación medieval en la que un gobernante decide por todos, en el interior, y frente a todos fuera de sus fronteras sin reconocer límites y contrapesos. Y con su amenaza nuclear subordina nuestra existencia al logro de sus fines.

El Mundo, 5.10.2022

Mucho que recordar en Ucrania por Araceli Mangas Martín

La segunda agresión rusa a Ucrania en este siglo será recordada por ser una guerra en dos tiempos (2014 y 2022) de alcance geográfico limitado a los combates en Ucrania pero mundial en lo; político, económico y financiero. Y con el riesgo de que pueda ser la primera fase de un conflicto mayor.

Putin puso como excusa de la invasión detener un supuesto genocidio que situaba en las regiones ocupadas en 2014 y controladas por Rusia. Sin embargo, el agresor ruso no había notificado nada antes del 24 de febrero de 2022 al Consejo de Seguridad de la ONU (CSNU), ni a su Consejo de Derechos Humanos, ni a la Organización de Seguridad y Cooperación Europea (OSCE), ni al Consejo de Europa (como le reprochó la Corte Internacional de Justicia (CIJ- en marzo de 2022). La manipulación rusa pretendió diluir su propia agresión en la legítima defensa (también en el derecho penal) requiere un previo ataque o una amenaza inminente y grave. Es cierto que Rusia ha copiado argumentos de la Presidencia de Bush en 2003 cuando inventó la doctrina de la legítima defensa preventiva para agredir a Irak.

Esa falsa doctrina, en 2003 y 2022, ha sido rechazada en general por los Estados y medios académicos, no es posible prever con certeza lo que puede pasar por 'juntar palabras' sin hechos probados y reconocidos que constituyan amenazas. Solo ese primer uso de fuerza da derecho a la legítima defensa según la normativa que desgrana qué hechos son una agresión. La guerra preventiva es ilegal e inmoral. Por eso Ucrania está en el lado bueno del derecho y facultada para usar la fuerza armada y repeler al agresor ruso de todo su territorio. Putin trató también de revestir su invasión de legalidad amparándose en la petición de ayuda por los 'parlamentos' de las 'repúblicas ficticias de Donetsk y Lugansk', territorios ucranianos bajo ocupación bélica de Rusia y sin personalidad internacional. De repente pasaron a ser Estados reconocidos por Rusia el 21.2.2022 y, burla burlando, unos meses después, anexionadas como provincias el 29.9.2022. No eran Estados soberanos e independientes que pudieran recabar legítimamente ayuda militar internacional, sino territorios ocupados por la fuerza. Claro, tampoco las tropas rusas entraron en febrero de 2022 por estas regiones limítrofes con Rusia para liberarlas del supuesto genocidio, sino desde Bielorrusia hacia Kiev con el propósito de doblegar al conjunto de Ucrania haciendo caer al Gobierno legítimo en la capital. Otra cosa es que, ante su errónea estrategia, Rusia recondujo el teatro de operaciones en la primavera para apuntalar las zonas invadidas en 2014.

No es la primera vez que un miembro permanente del Consejo de Seguridad utiliza el veto para proteger sus propios ilícitos. Es una de las debilidades del sistema de seguridad colectiva de la ONU, al permitir implícitamente a los miembros permanentes vulnerar la prohibición de la norma más importante del sistema (no usar la fuerza armada) sin consecuencias para ellos o por sus crímenes. Es evidente que tampoco la ONU podía iniciar el procedimiento de expulsión de Rusia, -como solicita el a veces iluminado Zelensky sin esforzarse en leer la Carta de la ONU- pues requiere una decisión del CSNU y habría veto ruso.

Está siendo una guerra de una atrocidad inusitada por la agresora Rusia que parece calcada de las brutalidades cometidas por Hitler y los nazis entre 1939-1945 en las zonas ocupadas. Ante las noticias fehacientes de graves vulneraciones por Rusia a sus obligaciones en tiempos de guerra, la Asamblea General de la ONU ha reconocido esa brutalidad 'en proporciones que la comunidad internacional no había visto en Europa desde hacía décadas'. No han sido daños colaterales como consecuencia del error circular probable en toda acción militar: han sido ataques planificados para masacrar a la población civil y sus infraestructuras. Y es cierto que se conocen pocos casos de crímenes de guerra de autoría ucraniana. De esos crímenes cometidos por Rusia se están acumulando pruebas para la rendición de cuentas futura si, por su derrota, fuera posible. También ha habido otro tipo penal internacional aún más grave: las matanzas y las deportaciones de población civil hacia Rusia. Los desplazamientos forzados solo son posibles para proteger de los combates a la población civil, pero jamás pueden ser trasladados al territorio del ocupante (art. 49 Convenio de Ginebra IV) y pueden constituir un crimen de lesa humanidad.

Las brutales actuaciones de Rusia asemejan conductas como si de facto fuera una guerra civil, solo en éstas hay tanta brutalidad. Sorprende que no hayan acordado Potencias Protectoras como establecen los *Convenios de Ginebra*, que se encargan de mediar y exigir actuaciones militares conforme a reglas (de la Haya o de Ginebra), o, en su caso, de forma subsidiaria aceptar la intermediación humanitaria del Comité Internacional de la Cruz Roja. No han notificado dónde están los campos de prisioneros de guerra ni los hospitales, -que es obligatorio- para que no sean objetivos militares y no haya fuego amigo sobre sus combatientes o presos o heridos. En una guerra civil lo habitual es la no notificación, pero inaceptable en un conflicto internacional como éste. ¿Dónde ha estado el Comité Internacional de la Cruz Roja?.

En una guerra internacional no se intercambian prisioneros de guerra entre los beligerantes hasta finalizar por completo el conflicto o con la condición de salir retenidos a un tercer Estado para impedir su vuelta al esfuerzo de guerra. En esta guerra internacional han repetido intercambios en una decena de ocasiones y por centenares de soldados. Ucrania ha caído desde esta perspectiva, en la trampa de la *operación militar especial*, pues Rusia lo planteó como 'una acción de policía dentro de su mismo Estado'. Cualesquiera que hayan sido los vínculos históricos entre Rusia y Ucrania, esta no es una guerra civil, sino un claro conflicto armado internacional, pues se trata de dos Estados soberanos e independientes con fronteras reconocidas. Un aspecto destacable ha sido la ayuda internacional de Estados democráticos al agredido. Ayuda masiva con medios financieros para sostener los servicios públicos de Ucrania, acogidas de millones de refugiados y entrega directa de armas para su defensa frente al agresor ruso.

Un Estado agredido tiene derecho a recabar ayuda para hacer posible su legítima defensa, tal como prevé el *art. 51 de la Carta de la ONU*, por sí o con la ayuda de otros. Es más hay un deber general de los Estados de cooperar por medios lícitos para poner fin a la violación de normas internacionales imperativas (CIJ, 1986). La ayuda militar es para reforzar las capacidades materiales militares nunca con medios humanos so pena de devenir en beligerante. En las guerras habidas hasta 1945, los Estados venden o donan armas a alguna de las partes contendientes sin que les posicione como beligerantes. Desde 1945 solo se puede ayudar militarmente al Estado agredido y nunca al agresor. El más humilde soldado es un órgano del Estado y sus actuaciones militares no son personales, sino atribuibles al Estado del que sean las fuerzas armadas. Es cierto que la ayuda militar posiciona a nuestros Estados muy próximos a la parte beligerante agredida sin entrar en guerra. Somos, 'no beligerantes', de momento.

La clave es no participar con medios humanos directamente en los combates y que el Estado agredido sea el que determine la conducción de las hostilidades con sus propios objetivos como único agredido. Los Estados occidentales no deben cruzar la temible y delgada línea roja de la participación directa ni asumir objetivos y autonomía en la estrategia militar. Ucrania decidirá cómo y hasta cuándo. De momento.

El Mundo, 27.2.2023

Araceli Mangas Martín (1953-) Licenciada en Derecho por la Universidad de Salamanca (1975) e Institut d'Etudes Européennes de l'Université Libre de Bruxelles (1977-78). Doctora en Derecho por la Universidad Complutense (1979). Profesora Titular en la UCM (1982-1986). Becaria de Fundación Juan March. Catedrática de Derecho Internacional Público y Relaciones Internacionales en la Universidad de Salamanca (1986). Cátedra Jean Monnet otorgada por la Comisión Europea (1991). Doctorado *honoris causa* por la Universidad Nacional de Córdoba (Argentina, 1982). Comité de Sabios para la reforma del Tratado de Maastricht (1995-1996). Consejera de España (2009-2010) en el caso de la: 'compatibilidad de la Declaración unilateral de independencia de Kosovo' ante la Corte Internacional de Justicia de La Haya. Catedrática de Derecho Internacional Público y Relaciones Internacionales, Facultad de Derecho, Universidad Complutense (2011). Académica de Número de la Real Academia de Ciencias Morales y Políticas de España. Miembro de la Comisión Española de Derecho Internacional Humanitario (Ministerio de Asuntos Exteriores). XXVII Premio Pelayo para Juristas de reconocido prestigio (2021). Premio de Investigación Julián Marías (2022) a la trayectoria científica en Humanidades de la Comunidad de Madrid.

A sangre y fuego por Manuel Vilas

Ninguna democracia occidental auxilió a la República española en los meses que siguieron al 18 de julio de 1936 y, al final, Franco entró en Barcelona en enero de 1939 como Pedro por su casa. Hitler invadió Polonia porque la creía suya. Putin pretende anexionarse Ucrania porque también la cree suya. Volvemos a la Historia como un ejercicio de sangre y fuego, de hechos consumados. Pero que nadie se engañe, el mundo que queda después de la agresión de Putin al orden internacional consiste en una amenaza permanente a la cultura y a las democracias occidentales. El enemigo de Putin son las clases medias europeas y su prosperidad económica. De modo que Putin va a por todos nosotros. Ni Francia ni Alemania, ni Italia, ni España, ni siquiera EE.UU, mandarán tropas a defender Ucrania, porque la Unión Europea está en otro momento de la Historia, en una evolución política e ideológica en donde el concepto de guerra y de derramamiento de sangre nos resulta repugnante e inaceptable. Pero para Putin no es repugnante la guerra porque sigue siendo un instrumento de acción política, y Putin sabía que ningún país civilizado iba a arriesgar la vida de tan solo uno de sus ciudadanos, aunque estos fuesen soldados profesionales.

El valor de la vida para nosotros es sagrado. Para Putin no lo es. También Franco sabía que al final las democracias occidentales tragarían con el franquismo. Lo sentiremos por Ucrania porque su deseo de modernidad y de progreso, que pasaba por acercarse a Francia y Alemania, ha sido descabezado por un posestalinista cuya concepción del mundo es la; esclavitud, el chantaje, la opresión y la muerte. La noche medieval regresa a Europa. No habrá ningún Lord Byron que vaya a luchar por la independencia de Ucrania. Si la bestia se conforma con Ucrania, estamos a salvo, eso pensamos de momento. Putin esgrime como justificación la OTAN que hoy parece más la seguridad privada de una urbanización de lujo que un ejército eficaz. A Putin la OTAN le viene que ni pintada. Medievalismo, comunismo, estalinismo, tanques, bombas, ejército, eso nos trae este hombre. Pero que sepan las clases medias europeas que Putin amenaza su estilo de vida, que es en realidad lo que este hombre no soporta. No soporta; la prosperidad, el crecimiento económico, la extensión de la cultura, las sociedades críticas que cuestionan el poder político. No soporta el periodismo libre, las novelas, las películas, los perfumes, las playas, los hoteles, los zapatos nuevos, los besos de los homosexuales en la calle. No soporta el concepto de ciudadanía basado en el placer y el lujo de vivir. No soporta la democracia.

En realidad, es un pobre hombre que no ha entendido nada. Ve la prosperidad económica de los países occidentales como una humillación. En vez de modernizar el modelo económico de Rusia elige el caos internacional y la conspiración contra aquellos países que se esfuerzan en crecer de manera legítima. Rusia es un fracaso económico, un país retrasado, pero conserva un ejército tan obediente como antiguo, una estructura estalinista del poder militar. Es lo único que tiene, la capacidad de hacer morir a los suyos por nada. Es verdad que Ucrania ha caído, pero la guerra final la va a perder Putin, porque esa guerra no se va a librar con tanques y bombas sino con ideas. El error de Putin es el de siempre, el mismo que Unamuno esgrimió contra Franco, 'venceréis, pero no convenceréis'.

La aberración bélica de Putin procede de 70 años de comunismo. Es el comunismo el que ya solo tiene expresión armamentística. No sabemos decirlo, porque la utopía comunista, -ese malentendido que ahora apesta a putrefacción- aún sigue teniendo crédito. El comunismo crepuscular produce criaturas estrafalarias y patéticas, como Maduro o Putin, pero aún hay intelectuales delirantes que compran esa mercancía ideológica porque creen que así se oponen al imperialismo estadounidense. Es un mal análisis, habida cuenta de que Trump siempre ha aplaudido a Putin y a Trump le gustaría ser Putin. No lo es porque EE.UU es una democracia y Rusia no. Por eso las democracias están amenazadas. En realidad, una democracia siempre estará amenazada mientras haya países que no sean democracias, de la misma manera que un régimen autoritario estará amenazado por una democracia. La insoportable superioridad moral de las democracias occidentales amenaza a la Rusia postsoviética. La mejor medida que se ha tomado contra Putin es cancelarle sus cuentas bancarias personales en el exterior. No hay mayor condena que obligar a Putin a vivir en su maravillosa Rusia que ha creado lo que le quede de vida. Lo mismo le pasó a Franco, toda la vida veraneando en la maravillosa España franquista. Aunque hoy suframos, la Historia barrerá a Putin, y prevalecerán la belleza del mundo y la bondad de los pueblos.

El País, 14.4.2022

Manuel Vilas. Escritor. Estudió Filología Hispánica y ejerció durante más de veinte años como profesor de secundaria. Ha colaborado en diversos medios de comunicación; el *Heraldo de Aragón* y *El Mundo* así como de los suplementos literarios. También es colaborador de *El País* (2019) y la Cadena Ser. Es autor de la biografía novelada *Lou Reed era español* (2016), y del libro de viajes *América* (2017) escrito a partir de su estancia en Iowa donde ha sido profesor de literatura. Su estilo integra el discurso realista con imágenes visionarias. En 2018 publicó *Ordesa* (Alfaguara), una novela autobiográfica sobre la relación entre padres e hijos.

Con la guerra, Rusia quiere cortar todos los nexos con Occidente por Orlando Figes

'Quien controla el pasado, controla el futuro, quien controla el presente', controla el pasado', escribió Orwell en su visionaria novela: 1984. En ningún país es más cierto que en Rusia, sostiene el historiador británico Figes. Que lleva media vida ocupándose del país. Tras sus libros sobre la Revolución, la Guerra de Crimea, la represión estalinista o su novela, *El baile de Natasha* donde desmenuza las claves de la cultura rusa. Figes acaba de publicar, la *Historia de Rusia*, un recorrido por más de mil años de historia que reconstruye los mitos políticos y religiosos que siguen determinando la realidad.

P.:-Todos los países europeos están construidos sobre mitos fundacionales, y en ellos conviven diversas culturas y lenguas, ¿qué hace el caso de Rusia tan especial?

R.;-Es cierto pero la clave para comprender Rusia es que allí la función de la Historia es más potente que en el resto por la ausencia de otros discursos políticos. Los mensajes de; democracia, igualdad o fraternidad, que tienen un lenguaje muy sofisticado en el debate político en otros lugares, no poseen allí la fuerza suficiente. Por ello, los mandatarios, ideólogos y revolucionarios de todas las épocas han mirado en la Historia para buscar ideas. En los debates políticos sobre cuál es la dirección que debe tomar Rusia, todo el mundo mira hacia atrás para adoptar una postura. Se abusa de la Historia, como hicieron en su época Franco en España o Hitler en Alemania. Los dictadores y los nacionalistas siempre recurren al pasado para concentrar sus ideales patrióticos, y Rusia encaja en ese patrón.

P.;-Destaca que a través de los siglos dos elementos han marcado a los dirigentes rusos: el autoritarismo y la sacralización. ¿Cómo se configuraron y cómo se han mantenido hasta hoy?

R.:-Al hablar de autoritarismo pensamos en los zares, pero es algo anterior, un tipo de gobierno de corte asiático legado de los mongoles, que gobernaron buena parte de Rusia a finales de la

Edad Media. Los Románov mantuvieron este estado feudal en el que el poder residía sólo en el soberano. En ruso, la palabra estado (*gosudartsvo*) viene de la palabra *zar* (*gosudar*), porque éste gobernaba Rusia como si fuera su casa, su tierra. Otro tanto ocurre con el tema religioso, que procede de Bizancio y de esa idea clave de Moscú como la Tercera Roma. La persona del zar era sagrada, casi divina, y ahí nació ese culto a la personalidad tan ruso que después aprovecharon Lenin, Stalin y ahora Putin.

P.:- *El baile de Natasha* trata de explicar la existencia de esa famosa *alma rusa* que definió Gógol. ¿Qué engloba ese concepto y que representa hoy en día para el ruso común?

R.:-Ese libro explora el mundo cultural, no político, la forma de esta idea y este carácter expresado en el mundo de las artes. En cierto modo existe, es un estereotipo. Si hablas de esto con los rusos te dirán que son un pueblo; generoso, noble, expansivo, como podría ser un español o un británico. Desde 1981 se ha buscado esa identidad rusa porque se abrió un abismo identitario. Con Putin se ha abandonado este concepto. Lo que predomina ahora es la visión de una historia controlada por el Estado, que enarbola el concepto de; 'tenemos que defendernos de los occidentales porque van a venir a subyugarnos'. Y esta idea lleva muchas generaciones enseñándose en Rusia. El infame ensayo que escribió Putin: *Sobre la unidad histórica de rusos y ucranianos*, publicado en julio de 2021 es una declaración histórica de guerra. Todo lo que cuenta es un cliché de las historias del siglo XIX. Es una versión imperial de Rusia y se alimenta de tradiciones que para la población todavía pueden tener sentido. Por eso, si preguntas en un pueblecito ruso si esta guerra es necesaria, muchos te responderán que los ucranianos también son rusos. Es el lado de la experiencia soviética, porque Ucrania y Rusia en la URSS, eran casi gemelos en su imaginario. Si a eso sumas las conexiones familiares que tienen con los ucranianos, se entiende que ellos sostengan que Ucrania es suya.

P.:-Esa visión antioccidental a la que alude es algo enraizado en Rusia desde episodios como la invasión napoleónica, la guerra de Crimea o la Segunda Guerra Mundial. ¿Hasta qué punto ese pasado marca el antagonismo actual hacia Europa?

R.:-Lo define completamente. Incluso desde antes. La idea de que los eslavos han sido atacados desde Occidente y que necesitan defenderse para preservar el país forma parte de la esencia de la Historia de Rusia desde Alexander Nevski, el príncipe de la Rus de Kiev que derrotó a los teutones en el siglo XIII, 'porque querían convertir Rusia al catolicismo'. No es casual que en la época soviética Eisenstein rodara aquella famosa película de propaganda que vieron millones de personas. Es el relato de la Rusia imperial victoriosa que han inculcado a la gente. El zar Alejandro I hizo lo mismo al expulsar a Napoleón, Stalin al expulsar a los nazis y ahora Putin al expulsar a la OTAN. Forma parte de la historia que los rusos aprenden en la escuela: Occidente nos atacará, intentará robarnos nuestra existencia nacional a menos que nos defendamos. Es muy difícil acabar con tan extendida conciencia nacional, porque no hay historiadores que cuestionen esos mitos, el Estado los censura y persigue. Alrededor de estas narrativas politizadas no existe debate, están selladas.

P.:-Viajando hacia el presente, el libro refleja la influencia del comunismo. ¿Cómo repercute todavía la ingeniería social soviética?

R.:-El estalinismo fue fundamental. Me atrevería a afirmar que para explicar dónde están y qué son hoy los rusos, hay que reflexionar sobre el fracaso de Rusia para lidiar con el estalinismo. Los mecanismos coercitivos que el poder ha institucionalizado provienen de ese periodo. Lo ves en las movilizaciones, cuando la policía detiene a la gente en la calle. Eso es estalinismo. Pero el elemento crucial que queda del periodo estalinista es el miedo genético. Ola tras ola de represión del Estado ha inculcado la pasividad en la población. Cuando el Kremlin pasa del verde al amarillo, la gente retrocede, desaparece la oposición, porque todavía se conserva una memoria colectiva de lo que sucedió con Stalin. Las personas que lo vivieron han transmitido ese miedo a sus hijos para protegerlos. Lo curioso es que, en las encuestas de los primeros años del siglo XXI, la mayoría de los rusos consideraba necesaria esa represión, a pesar de las cifras astronómicas de muertos. Este es uno de los legados de Stalin. El precio de la resistencia, de salir a la calle con un cartel, es enorme, así que lo más común es el silencio.

P.:-Atendiendo a esta amalgama de elementos, ¿cuál es el perfil de Putin, cómo definirlo?

R.:- Putin es monárquico, autócrata, tiene elementos soviéticos y se apoya en la Iglesia. Va cogiendo ideas de donde puede. Lo que hemos presenciado estos últimos años es la preparación ideológica de una nación para la guerra. Más que con Stalin, existe un gran paralelismo entre él y Nicolás I, que ascendió al trono en un momento de revoluciones democráticas en Europa. Una de las cosas que más aterran a Putin son las revoluciones actuales. Por eso se ha creado un Estado policial potente y tecnologizado que controla todo el país. Nicolás I tenía una visión imperialista y eslavófila: Rusia era un *metapaís*, no un imperio; Putin lo describe como un imperio civilizacionista, donde el núcleo es Rusia. Nicolás I se enfrentó a todo Occidente para defender Rusia y perdió Crimea. Veremos qué pasa con Putin.

P.:- Esto nos lleva a la guerra actual ¿Cómo es vista en Rusia?

R.:- En el país se está viviendo un punto de inflexión en ese debate secular entre la Rusia eslava y la occidental. Esta guerra es una declaración para cortar todos los nexos con Occidente. Los propagandistas de Putin se lo han dejado claro a los rusos. Olvidaos del consumismo y de veranear en la Toscana, si queréis ir de vacaciones, id a Crimea. Esta guerra va a llevar al aislamiento de Rusia respecto a Occidente, pero están dispuestos a afrontarlo. Están preparados para una existencia en Eurasia, volverse hacia Pakistán, Irán, China. Putin ha hecho números para ser el proveedor de combustible de China, para vivir sin Europa, y si Rusia va a asumir esa idea, tiene que volver a ese lenguaje antioccidental, al colonialismo, al imperialismo.

P.:-Vista la marcha del conflicto, ¿cómo ha errado tanto el cálculo y está estancado en el avispero que es hoy Ucrania?

R.:-Parece un error tremendo. Me imagino que los militares se lo habrán advertido. Estamos hablando de un territorio para el que se necesitan 150.000 soldados. Putin ha pasado mucho tiempo encerrado por el covid y quizá leyó, muy mal leídos, un montón de libros de Historia y le ha salido la idea de corregirla. Lo que diferencia a Putin de Stalin es que Putin es un autócrata. Stalin tenía un Politburó que escuchaba, aunque después fuera él quien tomara la decisión final y fuera irrevocable. Pero su método era escuchar a todo el mundo. Putin ha decidido todo por su cuenta, sin escuchar a nadie, y es posible que en el futuro los historiadores concluyan que la guerra fue un error de un solo hombre.

P.:-¿Una posible salida a la guerra sería la desaparición de ese único actor principal?

R.:- No lo veo así. Si Putin desaparece o muere, surgirá otro líder que mantendrá políticas similares. Yo no encendería velas para sustituir a Putin hasta que no sepamos quién puede venir después de él. El problema de Rusia, y la razón por la que es una autocracia, es porque las instituciones son débiles ¿Dónde están los partidos y los parlamentos? El tejido democrático no existe de manera independiente o está debilitado. Puede haber democracia si desaparece Putin, pero es posible que, en unas elecciones, los rusos votaran a otro Putin o al mismo Putin, como los americanos a Trump. La democracia no garantiza que no tengamos un dictador o un demagogo. Se necesitaría una revolución para llevar la democracia a Rusia. Y podría haber una revolución. No es que tenga esperanzas en ello. De hecho, hasta me asustaría esa perspectiva porque sería una revolución que nacería de un colapso militar en el frente, de una revolución de los militares de a pie, y si llegara a suceder eso sería peor que la Revolución rusa, porque hay armamento nuclear.

P.:-Usted señala que Occidente no ha tratado de forma justa a Rusia después de 1991. ¿Está aquí el germen de esta guerra?

R.:-Haría falta entender que los rusos todavía son víctimas, porque también se está destruyendo su futuro. No tenemos que destruir la cultura rusa. Hagamos lo posible para ayudar a los rusos de a pie. Ucrania, Georgia y otros países tienen tradiciones de Estado-nación, aunque el caso ucraniano es más problemático. Pero los rusos no pueden decir: *No somos rusos*, aunque sean víctimas del sistema soviético. Han heredado eso y Occidente ha sido muy ignorante al interpretar a Rusia bajo los paradigmas de la Guerra Fría. En lugar de atraer a Rusia y verla como una víctima de la URSS, igual que hicimos con Polonia y los demás países, se dejó fuera. La OTAN es una alianza legítima, pero también lo es contra Rusia. La misma Rusia pidió incorporarse a la OTAN, pero se le dijo que eso nunca ocurriría, y ese fue el gran error. Ahora todo ha explotado con Putin como el ogro, pero en Rusia hay un espectro de la población que sostiene la opinión de que se trataba mal a

Rusia. Hasta el mismo Gorbachov apoyó la anexión de Crimea. Los rusos tenían parte de razón hasta que entraron en guerra porque la razón no da derecho a ponerte a asesinar a tus vecinos.

La Lectura, 25.11.2022

Orlando Figes (1959-) Historiador británico, nacionalizado alemán en 2017. Profesor de Historia en el Birkbeck College de la Universidad de Londres. Se graduó en la Universidad de Cambridge donde fue profesor de Historia y miembro del Trinity College entre 1984 a 1999. Sus investigaciones tratan muchos aspectos de la Historia de Rusia, la Unión Soviética, el Este europeo, la Revolución rusa, el régimen soviético y la historia cultural de Rusia desde 1700. Es colaborador habitual en, *The New York Review of Books* y, desde 2003, miembro de la Royal Society of Literature.

Apaciguar al enemigo por Gabriel Tortella

Esto ya es historia. Esta frase, un tanto despectiva, se emplea a menudo para referirse a algo que ha perdido actualidad o interés, que no es novedad ni nos atañe directamente. Algo que debe relegarse a un archivo y al olvido. Pero el pasado sigue con nosotros, aunque la mayoría no nos demos cuenta de ello. La entrada de España en la Unión Europea, por ejemplo, apenas será recordada por la mitad de la población española, y mucho menos aún serán capaces de ponerle fecha. Y, sin embargo, los efectos de aquel hito de nuestra historia nos afectan a todos hoy. Tradicionalmente se consideraba que la Historia era maestra de la vida: los hechos de los grandes personajes debían servirnos de ejemplo. Después vinieron las Ciencias sociales, a las que la Historia se incorporó y, desde el siglo XVIII aproximadamente, la Historia se convirtió en el gran laboratorio de las ciencias sociales. Aunque las sociedades cambien y lo hagan cada vez más aceleradamente, el pasado sigue siendo relevante, y sobre todo el pasado cercano, aunque sea ya historia.

En virtud de todo esto uno pensaría que los políticos leerían Historia ávidamente, y que ello se reflejaría en su comportamiento profesional por ser la gran maestra de la vida política. Pues bien, con honrosas excepciones, da la impresión de que esto no es así; la mayor parte de los políticos actuales parecen estar de acuerdo con Henry Ford en que; 'la Historia es más o menos camelo, tradición que no nos interesa'. Ford fue un fabricante de coches, nunca destacó como pensador, por lo que resulta asombroso el alcance que sus pronunciamientos sobre la Historia parecen haber tenido. O se da también el caso, como en la España de Sánchez, en que los políticos no leen Historia, pero dictaminan lo que los ciudadanos deben pensar sobre la historia reciente de su país.

Si la Historia del siglo XX contiene una enseñanza para los políticos de hoy, ésta es la que se deriva del tan estudiado intento de apaciguamiento de Hitler por el *premier* británico Neville Chamberlain en su entrevista de Múnich a finales de setiembre de 1938. Como es sabido, en aras de lograr lo que él llamó *la paz de nuestro tiempo*, Chamberlain aceptó que Hitler (que acababa de apoderarse de Austria mediante el *Anschluss*) invadiera parte de Checoslovaquia a cambio de la promesa de no volver a invadir otro país, promesa que rompió pocos meses después y remató con la invasión de Polonia en setiembre de 1939. Por entonces Chamberlain era muy popular, y tenía gran apoyo en su propio partido conservador, con la excepción de Winston Churchill, que llevaba años denunciando al dictador nazi. Pero Churchill estaba en minoría entre los tories, donde inspiraba poca confianza por haber sido tránsfuga al partido liberal durante diez años y cometido serios errores en su carrera como el fallido desembarco en los Dardanelos en la Primera Guerra Mundial, la restauración del patrón oro en 1925, y su oposición a la independencia de la India (de Gandhi dijo que era; 'un abogado revoltoso que últimamente se ha disfrazado de faquir'). Y, sobre todo, por tener ideas propias, que fue lo que le llevó a cambiar de partido dos veces y defender la democracia cuando los tories tenían dudas al respecto. Hasta la invasión de Polonia, Churchill era visto en Inglaterra como indisciplinado y errático. Pero sus conciudadanos fueron viendo que había tenido razón contra viento y marea y, sobre todo, y valor de mantener sus tesis cuando eran impopulares. El propio Chamberlain lo incorporó a su gabinete tras el estallido de la guerra y al cabo de unos meses tuvo que cederle el puesto como *premier* mientras él, Churchill, sólo prometía a su pueblo: *sangre, esfuerzo, sudor y lágrimas* porque la victoria era la única alternativa posible.

Este episodio transformó a un político excéntrico en una de las figuras más admiradas de la Historia contemporánea, por haber tenido razón contra la opinión general y sido símbolo de la resistencia contra Hitler cuando éste era dueño de casi toda Europa e Inglaterra estaba sola y mal pertrechada contra la temible maquinaria de guerra alemana. Churchill tuvo la grandeza de dar malas noticias cuando había que darlas, sin temor a ser tachado de agorero y aguafiestas. Y aquí viene a cuento mencionar una de las grandes debilidades de la democracia: el público no quiere oír malas noticias y acostumbra a castigar a los políticos que las dan, aunque sean ciertas. Por eso, hoy oímos al Gobierno de Sánchez denunciar machaconamente el negativismo de Feijóo: el problema, al parecer, no es que el Gobierno haga las cosas mal, sino que la oposición lo denuncie. Para el público inglés en 1938 el problema no era que Chamberlain claudicara ante Hitler, sino que Churchill le criticara por ello. La perspectiva de la guerra era demasiado desagradable y el pueblo estaba dispuesto a la rendición para evitarla. Hacía falta un líder que arrostrara la impopularidad para hacer ver a sus conciudadanos que la rendición conllevaría la esclavitud y la muerte. Los británicos tuvieron la fortuna de que ese líder estuviera allí en el momento oportuno.

Las consecuencias que los historiadores han derivado de este crucial episodio me parecen ser las justas: el *apaciguamiento* del enemigo es una solución tentadora a corto plazo, pero a la larga un error muy grande, porque el mostrar temor ante el enemigo es darle ánimos para persistir en sus objetivos. Es seguir la táctica del avestruz, de esconder la cabeza debajo del ala o la del chantajeado, que paga para salir del paso, pero con ello anima al chantajista a seguir explotándole. Como le dijo Churchill a Chamberlain; 'usted podía elegir entre el deshonor y la guerra; eligió el deshonor y ahora tiene la guerra'. Por desgracia, esta situación se ha repetido varias veces después, y frecuentemente los gobernantes, por temor a la censura de sus electores, han elegido el deshonor sin librarse de la guerra. La palabra *apaciguamiento* (*appeasement*) tiene hoy una connotación peyorativa, pero los políticos, llevados por el miedo a perder votos y elecciones si dan malas noticias que provocan confrontamientos, siguen casi siempre tratando de apaciguar, escondiendo los problemas bajo la alfombra, en lugar de enfrentarse a ellos para cortarlos de raíz. Dos casos que hoy afectan muy seriamente a nuestras vidas son consecuencia de la cesión a la tentación de *apaciguar*.

El primero es el de la guerra de Ucrania. En anteriores ocasiones he comparado a Putin con Hitler, los dos son; nacionalistas, imperialistas, dictatoriales y agresivos, que alcanzaron el poder por medios democráticos y que una vez en él, abolieron la democracia y se convirtieron en dictadores. Sus agresiones fueron aceptadas pasivamente por la comunidad internacional, lo que ambos interpretaron como aquiesciencia, cobraron confianza y aumentaron sus agresiones. Naturalmente, se llegó a un punto que exigió enfrentarse a ellos: en el caso de Hitler, el momento fue la invasión de Polonia, en el de Putin, la de Ucrania. Enfrentarse a Hitler en

1939 dio lugar a la Segunda Guerra Mundial, algo que hubiera podido evitarse si las otras potencias europeas hubieran comenzado a rearmarse en 1935, al tiempo que señalaban claramente a Hitler (y de paso a Stalin) que las fronteras y el *status quo* en Europa eran inviolables. Esto habría implicado una tensa confrontación, pero probablemente habría evitado la guerra mundial. Y quizá también la guerra civil española.

El otro ejemplo, más cercano aún, la actitud condescendiente y benevolente de los gobernantes españoles hacia los nacionalismos periféricos que se remonta a los años de la Transición, cuando, tanto la Constitución, como la Ley electoral se redactaron con un pusilánime *sentimiento apaciguador*, del que resultó, primero una disparatada sobrerrepresentación de los partidos nacionalistas en las Cortes y, segundo, una absurda estratificación de las autonomías, privilegiando a las *históricas* sobre las otras, lo cual dio lugar a una carrera inacabable por parte de unas para igualarse con las otras, y de las otras para aventajar a las unas y distinguirse de ellas. La actitud tímida y medrosa de los gobiernos españoles envalentonó a los nacionalistas, que pronto empezaron a ser separatistas y soberanistas, y a utilizar los medios que España les cedía gentilmente para convencer a sus ciudadanos de que los gobiernos tan complacientes eran en realidad explotadores y tiránicos. Lo lograron; y en esas estamos. Apaciguando a todo apaciguar. Y olvidando la frase de Churchill: nos humillamos por temor a la guerra, y ello nos conduce a ella, o algo parecido. ¿No ha de haber un espíritu valiente, capaz de afrontar de cara los problemas y dar malas noticias cuando las hay? En Ucrania lo hay, un cómico de profesión, ¿y en España?.

El Mundo, 13.10.2022

Gabriel Tortella (1936-) Heredero de la Institución Libre de Enseñanza. Ph. D. en Economía por la Universidad de Wisconsin y Doctor en Derecho por la Universidad Complutense de Madrid. Catedrático emérito de *Historia de la economía* en la Universidad de Alcalá de Henares. Presidente de la *Asociación de Historia Económica*. Premio Rey Juan Carlos I de Economía en 1994. Promotor de la *Revista de Historia Económica*. Ex presidente de la *International Economic History Association* y de la *Asociación de Historia Económica*. Es miembro de la Academia Europea de Ciencias y Artes desde *2003. Doctor Honoris Causa* por la Universidad de Alicante (2014).

El estado de la guerra en Ucrania por Mira Milosevich

Desde finales de setiembre, cuando el ejército ucraniano emprendió una exitosa contraofensiva para recuperar los territorios ocupados por el ruso, se han venido intensificando los llamamientos para poner fin a la guerra. Desafortunadamente, ni los países involucrados en el conflicto ni los países occidentales que apoyan a Ucrania, están preparados para ello por diferentes motivos: los rusos y ucranianos, porque creen que todavía pueden ganar la guerra; y los occidentales, por considerar que es Ucrania quien debe decidir cuándo sentarse a negociar, pero también por la falta de una idea común acerca de cómo debería concluir la contienda.

Tras la invasión del 24 de febrero, Rusia a pesar de sus sonados fracasos en el campo de batalla, no ha renunciado a sus principales objetivos políticos: impedir la entrada de Ucrania en la OTAN y en la UE, convirtiéndola en un Estado fallido controlable desde el Kremlin mediante gobiernos títeres. Para alcanzar estos objetivos la estrategia rusa ha ido oscilando entre lo que ambicionaba y lo posible. La operación militar especial que iba a conquistar Kiev y a derrocar el Gobierno de Zelensky se convirtió en una guerra prolongada, y supuso la movilización general parcial para defender los cuatro territorios anexionados a Rusia el pasado octubre (Donetsk, Lugansk, Zaporiyia y Jersón). El mantra del Kremlin reza que Rusia siempre ha estado a favor de las negociaciones de paz con Ucrania, pero Kiev rechaza esta posibilidad por presión de sus aliados occidentales, sobre todo EE.UU. Hay un método en la locura pacifista de Moscú: presionar a Ucrania y a los países que la animan a sentarse a la mesa de negociaciones. Rusia no ha dejado de bombardear sistemáticamente las infraestructuras energéticas de aquella con el propósito de castigar a la población civil, y libra, al mismo tiempo, una guerra psicológica mediante la amenaza de recurrir al uso del armamento nuclear. Moscú quiere negociar un acuerdo de paz, pero solo si se aceptan sus condiciones principales: conservar los territorios anexionados y recibir garantías de que Ucrania no entrará en la OTAN.

La retirada de Jersón (pero no de su región, que es clave para la defensa de Crimea) ha sido consecuencia del avance del ejército ucraniano, pero responde asimismo a un cambio táctico que favorece los planes de Moscú, porque convierte el río Dnieper en una frontera natural difícilmente superable. Rusia ha perdido batallas, sufrido importantes pérdidas humanas y materiales, pero se está atrincherando y fortalece sus posiciones defensivas. No tiene prisa en sentarse a una mesa de negociaciones. En la cumbre del G-20 en Bali, Zelenski ha expuesto diez condiciones para iniciar las negociaciones de paz con Rusia, entre las que destaca la retirada completa del territorio ucraniano, incluso de la Crimea anexionada en 2014. Mientras los objetivos políticos y estratégicos de unos y de otros sean totalmente incompatibles y contrapuestos, como sucede en el momento actual, es obvio que resultará imposible abordar cualquier negociación de paz.

Occidente (EE.UU) y la UE agrupados en la Alianza Atlántica tampoco están preparados para ello, porque, aunque se afirma que no se va a negociar sobre Ucrania sin Ucrania, se tiene una idea de cómo debería acabar esta guerra, toda vez que Ucrania ya habría sido derrotada hace tiempo sin su decisivo apoyo. El problema es que esta idea no es común, aunque no falte cierto acuerdo en lo básico.

Este mínimo común denominador occidental parte de que la OTAN, -una alianza militar para la defensa colectiva que, desde su nacimiento en 1949- ha defendido los valores políticos de las democracias liberales, condena la invasión rusa de Ucrania, anima a los países miembros a ayudar a Ucrania de forma bilateral, pero no a intervenir directamente en la guerra. Es necesario mantenerse en esta posición por razones obvias. -primero, para evitar una guerra entre la OTAN y Rusia- pero también por la insistencia del Kremlin de que la OTAN es la responsable principal de su criminal invasión. La Alianza Atlántica, a pesar de las críticas de no apoyar lo suficiente a Ucrania, ha hecho lo que mejor sabe hacer: mostrar su fuerza para no tener que usarla, ejerciendo la disuasión mediante la amenaza de defender cada pulgada del territorio de los aliados, fortaleciendo así la seguridad y la confianza de los países miembros más vulnerables en el caso de un hipotético ataque ruso, y sobre todo, demostrando que su ampliación hacia el este le aportó beneficios muy directos: el de la capacidad de coordinar una respuesta prudente, como se ha visto en el caso del misil caído en Prezewodow (Polonia). Los Países Bálticos y Polonia han sostenido inmediatamente la tesis de un ataque ruso para ser desmentidos con no menor rapidez por el Pentágono y la OTAN, subrayando éstos que los países del este de Europa no son objetivos militares de Rusia, aunque la OTAN ha creado un Grupo de Contacto para la defensa de Ucrania y coordinar la ayuda entre los países aliados.

Ahora bien, las diferentes opiniones de los países miembros sobre Rusia no son una novedad, ni tampoco las distintas teorías acerca de cómo debería finalizar esta guerra. La ausencia de una estrategia común de Occidente ante Rusia tras la invasión de Georgia en 2008, y la anexión de Crimea en 2014, camuflada por la imposición de sanciones económicas, explica por qué fracasó la disuasión a Moscú antes de la invasión de Ucrania. Desde el estallido de la guerra, Europa ha sostenido diferentes teorías sobre su posible final, pero en todas destaca una cuestión fundamental, ¿hasta qué punto debemos derrotar a Rusia? La respuesta a esta pregunta vendrá dada por la geografía y la historia. Los Países Bálticos y Polonia lideran hoy la respuesta de los países con experiencias traumáticas en su relación con Rusia que consideran que la guerra no es solo responsabilidad de Vladimir Putin, sino de todos los rusos, por lo que aquella debería ser completamente derrotada, obligada a retirarse de Ucrania (incluida Crimea) y forzada a un cambio de régimen. Estos países pretenden que la guerra termine con la humillación total del invasor, olvidando que difícilmente se podrá derrotar a una potencia nuclear en estos términos. Francia y Alemania, por su parte, encabezan los países que sostienen que el agresor no debe ganar ni Ucrania perder, y que no se debe abrir la guerra a otros contendientes, aunque contemplan la posibilidad de que Rusia conserve Crimea debido al miedo de que presionar demasiado a Moscú podría empujar al régimen de Putin al uso de armamento nuclear. Esta posición es la de; 'cambio de territorios por paz', que Ucrania rechaza rotundamente. Por su parte, la postura de EE.UU ha ido evolucionando desde afirmar la prioridad de ayuda a la defensa de Ucrania mediante el abastecimiento de armas, instrucción militar y auxilio económico, a la de castigar la agresión y debilitar radicalmente a Rusia.

El rechazo de las negociaciones de paz por parte de ambos actores se sostiene en un presunto equilibrio de debilidades: Occidente y Ucrania esperan que el agotamiento de Rusia por las sanciones económicas, las pérdidas humanas y materiales en el campo de batalla obliguen a retirarse del país vecino. Moscú sostiene que las diferentes visiones sobre el final de la guerra, la subida de los precios de la energía y la inflación, así como una nueva mayoría republicana en el Congreso de EE.UU, reacia a dar cheques en blanco a Ucrania, disminuirá la ayuda militar al país agredido. Sea cual fuere el final de la guerra, no llegará rápido. No antes de que EE.UU lo avale, desde luego, pero tampoco pondrá fin al conflicto entre Rusia y Occidente, del cual la guerra de Ucrania solo es una pequeña aunque significativa manifestación.

El Mundo, 24.11.2022

Mira Milosevich-Juaristi (1969-). Doctora en Estudios Europeos por la Universidad Complutense de Madrid y licenciada en Sociología y Ciencias Políticas por la Universidad de Belgrado. Diploma del *Workshop in Global Leadership* de la Harvard Kennedy School (2019). Investigadora para Rusia, Eurasia y los Balcanes del Real Instituto Elcano, profesora asociada de *The Foreign Policy of Russia* en la School of Global and Public Affairs *de* IE University. Asesora del; Parlamento Europeo, Parlamento Español, Parlamento del Reino Unido, OTAN, STRATCOM y del Departamento de Estado de los Estados Unidos en cuestiones de seguridad relacionadas con la desinformación como instrumento de la guerra híbrida de Rusia en Occidente. Es miembro de dos grupos de trabajo del *European Leadership Network,* Grupo de Contacto de las relaciones entre Occidente y Rusia, y del Grupo de Acción Rusia-OTAN.

La guerra y la amenaza nuclear por Rafael Bachiller

Las reiteradas amenazas de Vladimir Putin sobre el posible uso de misiles nucleares y, más recientemente, sobre su eventual despliegue en Bielorrusia han venido a recordarnos el terrible peligro que entraña la utilización de este tipo de armamento. Según numerosos observadores, desde la crisis de Cuba de 1962 el mundo nunca ha estado tan cerca de emprender una guerra nuclear, con la peculiaridad de que el arsenal disponible en el planeta es hoy mucho mayor que el existente durante la Guerra Fría.

Recordemos que la energía liberada en una explosión nuclear puede superar millones de veces a la que se produce en las mayores detonaciones convencionales. Las temperaturas y presiones alcanzadas en las primeras son mucho mayores que en las segundas y, además, una explosión nuclear va acompañada por la emisión de una radiación muy penetrante y nociva.

Por otra parte, las armas nucleares existentes hoy en día superan ampliamente, tanto en potencia como en variedad, a las desarrolladas durante la Segunda Guerra Mundial y la posguerra. Las bombas lanzadas en Hiroshima y Nagasaki tenían 15 y 20 kilotones respectivamente (un kilotón equivale a la energía liberada en la explosión de mil toneladas de TNT), mientras que las actuales pueden superar el megatón (1.000 kilotones), es decir pueden llegar a ser 50 veces más energéticas que las que se hicieron explotar en 1945.

Las armas de máxima potencia, cuyo objetivo principal es la disuasión, son las llamadas *estratégicas.* Sin embargo, las que se han mencionado hasta ahora en el contexto de la guerra de Ucrania, -por ejemplo, las que Putin desplegaría en Bielorrusia- las denominadas *tácticas, sólo* alcanzan los 300 kilotones. Existen bombas *limpias* en las que más de la mitad de la energía proviene de la fusión nuclear y que, por tanto, tienen efectos radioactivos menos nocivos. Un tipo de bomba *limpia* es la de neutrones, que tiene una potencia del orden del kilotón y un alcance de un kilómetro, son bombas que matan, pero no tienen efectos sobre las infraestructuras. También hay bombas *sucias,* que producen una radiación extremadamente tóxica capaz de matar y contaminar durante décadas los territorios bombardeados.

Según el anuario publicado en 2022 por el Instituto Internacional de Investigación sobre la Paz de Estocolmo, el arsenal nuclear del mundo incluye 12.705 armas censadas. De estas, el 90% están en Rusia y en EEUU, países que almacenan millares de ojivas cada uno. Los otros tres miembros permanentes del Consejo de Seguridad de la ONU (China, Reino Unido y Francia) poseen centenares de cabezas nucleares. A estas hay que sumar las armas repartidas entre; India, Pakistán, Corea del Norte e Israel.

Para hacernos una idea de las consecuencias de una guerra nuclear hay que remontarse a los días 6 y 9 de agosto de 1945, cuando se produjo el bombardeo en Hiroshima y Nagasaki. Se estima que hubo entonces 200.000 víctimas civiles directas. Además, los efectos a largo plazo también fueron considerables. Del seguimiento clínico realizado a más de 300.000 supervivientes que estuvieron expuestos a la radiación se ha concluído que el 60% de los decesos producidos desde entonces han sido debidos a diferentes tipos de cáncer.

Tras la atrocidad en Japón, la Guerra Fría sometió al mundo a un auténtico desenfreno nuclear. En 1952 (EE.UU) y 1953 (URSS) se pusieron a punto las bombas de hidrógeno (bombas H) que utilizan la energía de fusión de los núcleos (usándose sólo la fisión para iniciar las reacciones de fusión). Como ya he señalado, en 1962 la crisis de Cuba tuvo a la Humanidad pendiente de un hilo. Pero tras la Guerra Fría, los riesgos de un conflicto nuclear parecían haber desaparecido hasta hoy, cuando la guerra de Ucrania resucita el fantasma nuclear.

Y es que los efectos de una guerra nuclear hoy no serían comparables a los de Hiroshima y Nagasaki, sino muchísimo más devastadores. Alex Wellenstein, profesor del Instituto de Tecnología de Stevens (Nueva Jersey), mantiene una página web que realiza simulaciones de los efectos que pueden provocar las explosiones nucleares. De acuerdo con estos modelos, una bomba de 800 kilotones lanzada sobre Nueva York provocaría más de millón y medio de muertos, y además dejaría gravemente heridos a tres de los ocho millones de personas que serían afectadas por la explosión.

Si se atentase contra varios de los grandes centros urbanos del planeta, podrían morir decenas de millones de manera inmediata. Quizás no haya armas suficientes para alcanzar todas las ciudades y las zonas rurales de manera directa, pero los incendios provocados por la destrucción podrían sumir a la Humanidad en un invierno nuclear de alcance global cuyas consecuencias son difíciles de prever.

Hasta ahora sólo hemos descrito los crueles efectos que puede tener una bomba nuclear, pero la guerra de Ucrania también nos recuerda las consecuencias que pueden derivarse de una agresión militar sobre una central nuclear dedicada a la producción de energía, como Zaporiya. Ante todo, es importante tener en cuenta que una central nuclear civil no puede explotar como una bomba, es decir, los átomos en la central no seguirían el proceso de reacción en cadena que se da en las armas. La bomba incluye un combustible enriquecido en isótopos capaces de fisionarse (como el uranio 235 o el plutonio 239) y un explosivo químico capaz de generar la alta densidad que inicia la reacción en cadena. Nada de esto está presente en una central nuclear.

En Chernóbil, la potencia del reactor aumentó de manera súbita que llevó al calentamiento y vaporización del agua, lo que produjo una explosión de vapor. En Fukushima, al quedar la central sin refrigeración, se calentaron gradualmente los núcleos de los reactores, lo que provocó la fusión de los combustibles, generándose una gran cantidad de hidrógeno, y fue la explosión de este gas lo que destruyó la central. En ninguno de estos dos casos se produjo una detonación ni lejanamente similar a la de una bomba nuclear. Ahora bien, la diseminación de partículas radiactivas condujo en ambos casos a la contaminación de amplias zonas, actuando de manera similar a las bombas *sucias*.

En tan solo las tres primeras décadas del siglo pasado el conocimiento sobre la estructura de la materia experimentó un crecimiento asombroso, fueron treinta años que conmovieron la Física gracias al desarrollo de la Mecánica cuántica, una teoría que puede considerarse uno de los mayores logros del pensamiento humano. Gracias a las aplicaciones de esta teoría, la manipulación de átomos y núcleos ha conducido a una infinita variedad de utensilios y servicios que han contribuido a dotar a la sociedad de niveles de bienestar impensables hace solo un siglo. Además, el núcleo atómico se ha revelado como una fuente energética extremadamente útil: aún hoy, el 20% de la energía en España es de origen nuclear de gran utilidad durante la transición ecológica, hasta que las tecnologías de producción de energías limpias y renovables se desarrollen para suplir a las contaminantes o no renovables.

Sin embargo, la guerra viene ahora a recordarnos el lado más oscuro de la energía nuclear. ¿Está la Humanidad en peligro? Los asombrosos adelantos científicos y tecnológicos del último siglo no tienen contrapartida con los avances humanitarios y morales que deberían haberlos acompañado. Así que no me cabe duda que el riesgo es hoy muy alto. Sólo puedo confiar en que la Humanidad y la talla moral de los dirigentes de las grandes potencias nucleares estén a la altura del prodigioso progreso alcanzado por los científicos, de forma que no se siga exponiendo al género humano a un riesgo atroz.

El Mundo, 13.4.2023

Rafael Bachiller García (1957-). Astrónomo, académico de la Real Academia de Doctores de España y director del Observatorio Astronómico Nacional. Es secretario de la Comisión Nacional de Astronomía y delegado español en los consejos de dirección de instituciones internacionales como; el Observatorio Europeo Austral (ESO), el Instituto de Radioastronomía Milimétrica (IRAM) y el Atacama Large Millimeter Array (ALMA), entre otros.

Si queremos la victoria hay que arriesgar más por Timothy Garton Ash

En el momento de publicarse este artículo (mayo, 2023), miles de jóvenes ucranianos están llevando a cabo sus últimos ejercicios de entrenamiento, revisando sus armas y esperando el *Día D*. En la gran contraofensiva ucraniana que puede comenzar en cualquier momento, algunos morirán y muchos acabarán heridos. Creíamos que todo esto había quedado atrás en 1945, pero es la Europa de 2023.

Nadie sabe lo que pasará en esta campaña, pero deseamos que ocurra para ayudar a los ucranianos a conseguir vencer. Una victoria decisiva de Ucrania es hoy la única vía segura hacia una paz duradera, una Europa libre y, a la larga, una Rusia mejo. Los ucranianos tienen una teoría de la victoria. Empieza en el triunfo en el campo de batalla y culmina con un cambio en Moscú. Lo preferible sería un cambio de régimen, quitar al criminal de guerra que ocupa el Kremlin. Ahora bien, si Vladimir Putin reconociera su fracaso, -algo muy improbable- y retirara sus tropas, aunque permaneciera en el poder, eso también sería una victoria.

¿Cómo piensan los ucranianos conseguirlo, con las fuerzas defensivas que tiene atrincheradas Rusia y su ventaja aérea y numérica? Una posible respuesta es que del mismo modo que ha ocurrido en otros periodos de la Historia rusa, cuando reveses militares desencadenaron las revoluciones de 1905 y 1917. Si el Ejército ucraniano consigue avanzar con rapidez hacia el sur, hasta el mar de Azov, rodear a unas tropas rusas numerosas pero desmoralizadas y cortar las líneas de suministro a la península de Crimea, la moral de los militares rusos podría hundirse, y con ello, la cohesión del régimen en Moscú.

La clave de esta hipótesis es Crimea. Los ucranianos quieren llegar hasta la península, pero no intentar ocuparla precisamente por el mismo motivo por el que muchos políticos occidentales prefieren que no lo hagan; porque Crimea es lo único que de verdad le importa a Rusia. Además, afirman los ucranianos, su país nunca podrá tener una seguridad verdadera mientras Crimea sea un gigantesco portaaviones ruso con las armas apuntadas a Kiev.

Es una teoría de la victoria audaz y arriesgada, pero ¿hay en Occidente alguien que tenga otra mejor? Muchos políticos occidentales parecen tener casi tanto miedo del triunfo de Ucrania como a su fracaso. Cultivan la confusa idea de que existe una solución que permitirá alcanzar el nirvana de una *solución negociada*. Otros, más cínicos (los realistas), están dispuestos a que Ucrania acabe perdiendo quizá la sexta parte de su territorio soberano, en una partición que puedan considerar pacífica. Sin embargo, en el mejor de los casos, se trataría de un conflicto semicongelado, latente, a la espera de una nueva guerra, es una muestra de la falta de realismo.

La mayoría de los analistas militares occidentales opinan que Ucrania tiene pocas posibilidades de lograr una victoria decisiva por lo que es irrelevante saber si ese sería el detonante de las deseadas consecuencias políticas en Moscú. Cuando hay dos ejércitos exhaustos es más fácil defender que atacar. Ucrania tiene grandes puntos débiles en su defensa aérea. El hecho de que no haya más que una ruta hacia Crimea significa que Rusia se ha preparado para defenderla. Ni siquiera recobrar parte del territorio del Donbás tendría los mismos efectos psicológicos en el Kremlin.

La contraofensiva puede desplegar nuevas unidades militares entrenadas y equipadas por Occidente pero resultan complejas en la consecución de armamento que se

Necesita para derribar las defensas rusas. Algunos gobiernos como el alemán y norteamericano son reticentes a la entrega de armas por temor a una escalada, lo que ha hecho que los ucranianos no dispongan, ni en cantidad ni en calidad, de; los carros de combate, vehículos blindados, misiles de largo alcance y aviones de combate que podrían haber tenido si Occidente no hubiera estado frenándose a cada paso.

Estos seis meses van a ser decisivos. Si el próximo invierno las fuerzas ucranianas siguen empantanadas a medio camino, tal vez Occidente no proporcione un refuerzo militar para emprender otra ofensiva la primavera del año que viene. Además de las dificultades para equipar nuestra industria de Defensa que podría hacer flaquear el apoyo político, sobre todo en vísperas de las elecciones presidenciales de otoño de 2024. Si así fuera cundiría la desilusión en Ucrania. Putin seguiría en el poder y podría utilizar su propaganda para justificar la ocupación parcial de territorio ucraniano como su delirante restauración histórica del imperio de Catalina la Grande.

La alternativa quizá improbable pero posible, sería una victoria ucraniana indiscutible, una derrota que la máquina de mentiras del Estado de Putin podría ocultar, ese camino podría acarrear una crisis en el Kremlin. Los análisis de inteligencia indican que el tirano ha hecho un simulacro y rechazado la opción de emplear armas nucleares que no aportarían ninguna ventaja militar y enfadarían a China e India. Pero la situación en la zona de la central nuclear de Zaporiya es muy preocupante y el presidente ruso dispone de otras posibles acciones bélicas como ciberataques o sabotaje de oleoductos.

¿Qué debe hacerse al respecto? no mostrar miedo y estar preparados para cualquier ataque. Ningún camino está libre de riesgos. Evitar un peligro inmediato puede suponer crear otros mayores en el futuro (como el error cometido en 2014). Y entre esos peligros no solo está la guerra en Ucrania sino también que China decida atacar Taiwán. Los ucranianos insisten en que el mayor problema de Occidente es sentir miedo. *Hay que elegir entre la libertad y el miedo*, ha afirmado recientemente Zelensky, en consecuencia los europeos tenemos que mostrar valentía para emular la fortaleza que demuestran los miles de jóvenes ucranianos que arriegan sus vidas para defender su libertad.

Soy consciente de que hay que evitar el heroísmo de sillón, y aunque viajo de vez en cuando a Ucrania no corro el riesgo personal que corren los ucranianos. Un gobierno responsable debe evaluar, identificar con cuidado los peligros reales de cada escalada. La prudencia no es cobardía y hay que evitar también la palabrería vaga sobre *paz* y *responsabilidad* que, en realidad, significa obligar a otras personas a sacrificar sus vidas y su libertad para que los ciudadanos de otros países en Europa puedan seguir disfrutando de las suyas, algo que Occidente ya ha hecho muchas veces a los pueblos de Europa Central y Oriental que no debe repetirse.

El País, 17.5.2023

Timothy Garton Ash (1955-) Historiador, editorialista y periodista británico, autor de ocho libros como analista político, documentando la transformación de Europa durante el último cuarto de siglo. Es profesor de Estudios Europeos en la Universidad de Oxford y Senior Fellow del Instituto Hoover, en la Universidad de Stanford. Sus ensayos aparecen regularmente en el *New York Review of Books*, y escribe una columna semanal en, *The Guardian* que se distribuye por multitud de publicaciones en Europa (en España, en el diario *El País*). También escribe con frecuencia en el *The New York Times*, el *Washington Post* o el *Wall Street Journal*.

Putin tendrá un final súbito por Maria Pevchij

Maria Konstantinovna Pevchij es una investigadora y activista anticorrupción. Durante años ha sido la mano derecha del líder opositor ruso Alexei Navalny y ahora vive en el exilio. Está al frente de su fundación contra la corrupción (FBK) y formaba parte de la comitiva cuando Navalny fue envenenado con novichok durante un viaje por el este de Rusia en 2020. De visita en Madrid Pechvij habla de cómo llegará el fin del putinismo y por qué Navalny no es un peligroso nacionalista.

P.; -En enero de 2021, Navalny voló de regreso a Moscú y fue arrestado. Mucha gente se pregunta cómo cometió la temeridad de regresar a Rusia, donde claramente le esperaba una pena de prisión.

R.;-No teníamos información sobre lo que iba a pasar. Pero Navalny regresó porque es Navalny, esa es la razón. Si quieres liderar, tienes que mantenerte firme en lo que predicas.

P.;-En enero (2024), Navalny cumplirá tres años en prisión y se han añadido nuevos cargos contra él.

R.:-No sabemos ni cuáles son. Solo lo sabremos más adelante pero pronto va a ser juzgado por terrorismo que puede sumarle 35 años más. Nada va a cambiar porque es una sentencia de por vida, queda por ver si es para la de Navalny o la de Putin.

P.:-¿Cuándo se dio cuenta de que la apertura democrática no era una cuestión de tiempo?

R.;-No hubo un momento concreto. Ya en enero de 2000 (cuando Putin acababa de ser nombrado presidente en funciones por Boris Yeltsin) había gente que lo vio venir: porque se trataba de un ex agente del KGB y muchas familias tienen a alguien que sufrió por culpa del KGB. Yo entonces era una adolescente, pero recuerdo conversaciones con los mayores diciendo que nada bueno vendría de un agente del KGB. Su estrategia fue ocultar sus intenciones durante los primeros 10 años, matando y reprimiendo medios con *microdosis*. Pero este proceso estuvo siempre dentro de él, y en 2012 se abrió su horizonte con doce años por delante sin atadura alguna. Así pasaron los años y la represión fue cada vez más dura con Putin cada vez más confiado de su misión histórica, convencido de tener el derecho a; envenenar, reprimir, prohibir todo el movimiento LGTBI o incluso invadir un país. Su maquinaria no tiene marcha atrás incluso aunque acabe la guerra. Putin no volverá a la política doméstica ni hará reformas. No hay vida tras la guerra, es para siempre. Ha matado a cientos de miles, para él es una cuestión de supervivencia toda esta represión.

P.:-¿Cree que Putin ha cambiado psicológicamente en estos años?

R.:- Creo que tiene serios problemas psicológicos. De alguna manera es un psicópata: la vida humana no vale nada para él, siempre ha sido así. Lo vimos con el hundimiento del submarino Kursk. Y después con la movilización, llamando a trescientas mil personas que no tienen nada que ver con el ejército y es posible que la mitad ya estén muertos. Tiene que haber más factores, uno es el miedo: sabe que no puede retirarse y escribir libros. Sólo permanecer en el poder es garantía de seguir vivo. Y también es el dinero, la riqueza extrema que ha acumulado él y su élite. La corrupción es enorme, no tiene equivalente en Europa. Cuando tienes mil personas con billones de dólares, ellos te dan su lealtad y el vínculo es muy fuerte. Necesitan que siga el flujo de dinero.

P.:-Ahora Navalny es un mártir pero también se le critica, especialmente en Ucrania por su perfil de nacionalista ruso en sus primeros años cuando acudía a marchas con ultranacionalistas.

R.:-No lo hubiese calificado como nacionalista entonces, ni tampoco ahora. Sé que esos años fue a las *marchas rusas*, y lo ha comentado en público. En aquel momento él tenía una estrategia centrada en la idea de que los poderes antidictatoriales deberían unir sus esfuerzos, y que luego, una vez que el dictador ya no estuviese en el poder, sentarse y plantear alternativas al cambio. Personalmente yo estaba en contra de este movimiento nacionalista.

P.:-¿Pero él si iba a esas marchas?

R.:-Sólo asistió a los eventos pero no fue nunca parte de esos movimientos. En un futuro democrático no serán parte del mismo partido. No comparten la misma ideología. El mito de que Navalny es un nacionalista se ha exagerado de una manera increíble. Con los ucranianos que piensan eso somos comprensivos. Los ucranianos tienen derecho a sentir lo que quieran sobre nosotros dadas las circunstancias y nunca los culparé después de una agresión lanzada en nombre de nuestro país, aunque se hizo sin contar con el pueblo ruso. Algunos ucranianos dicen que los rusos somos todos iguales, unos cerdos imperialistas, pero Navalny dijo muchas veces que Ucrania debía volver a las fronteras de 1991, lo cual debe incluir el Donbás y Crimea.

P.:- Navalny ha dicho que él era más peligroso para el régimen muerto que vivo. ¿Por qué lo intoxicaron?

R.;-El plan era matar a Navalny y lo llevaban preparando desde 2017 cuando empezaron a seguirlo. No sé por qué no pasó antes, tal vez no resultó o tal vez en 2020 recibieron luz verde.

P.:-¿Por qué lo intentaron en 2020?

R.;- Siempre me lo he preguntado. Tal vez estuvo relacionado con las revueltas en Bielorrusia, de manera que Putin consideró que no podía ser derribado Lukashenko. O puede ser que ya se estuviese preparando para la guerra, una guerra que tal vez el Covid pospuso, y contra la que Putin no quería manifestaciones callejeras.

P.:-Y de nuevo fallaron.

R.;-Es un error pensar que fallan siempre. Sólo vemos los casos en los que fallan: cinco contra 55. En todo caso es una locura que el Gobierno tenga un departamento para envenenar a ciudadanos.

P.;-¿Dictadura, guerra, cómo se imagina el final del régimen de Putin?

R.:-Nada va a pasar en los próximos meses. Continuará la represión. El movimiento LGTBI ha sido acusado de extremista. No quiero hacer pronósticos pero hay un escenario con más posibilidades. No ocurrirá pronto pero sí muy rápido. Como pasa con las dictaduras, como pasó con la Unión Soviética: puede ser la economía, o un motín del ejército negándose a luchar. Habrá un evento que sacudirá el régimen de Putin, nuestro trabajo es no permitir que se vuelva a reconstruir. La muerte de Putin puede ser ese evento, es una dictadura personalista. Pero en todo caso no será inmediato. No me gusta cuando se dice que el sistema de Putin es fuerte: se están debilitando sus cifras, su dinero. Pero no estamos cerca de su colapso y no será durante un proceso electoral. Será como en el caso del dictador rumano Ceaucescu, que tenía un 70% de apoyo y después lo derribaron.

El Mundo, 4.12.2023

Maria Pevechikh (1987-) En la lista negra de Putin. Escritora y productora rusa que vive en el exilio. Ha producido el documental: Alexei

Navalny: *El hombre al que Putin no pudo matar*. En agosto de 2020 acompañaba al opositor en el hotel donde fue envenenado y ambos consiguieron desenmascarar a los asesinos. Navalny se encuentra encarcelado en un campo de trabajo, sin contacto con otros prisioneros y con posibilidad de ver a su mujer Yulia una vez cada dos meses.

Tierra arrasada por Alfredo González Ruibal

Cualquier libro que cuente una historia universal corre el riesgo de querer explicar la Historia. De hecho, las obras que ofrecen la clave para entender la evolución de la conducta humana han proliferado en las últimas dos décadas; las de Jared Diamond, Noah Juval Harari o Steven Pinker, entre otras. Afortunadamente, los seres humanos somos demasiado complejos para que se nos pueda explicar mediante unos cuantos principios generales, Sin embargo, eso no quiere decir que no existan tendencias.

Para empezar algo que deja claro el estudio de la violencia en perspectiva de larga duración es que la brutalidad extrema, es decir, aquella en la que predomina el ensañamiento y en la que no se respeta la vida de los no combatientes, existe en los grupos humanos independientemente de su forma de organización social; la practicaron los neolíticos de hace siete mil años y los Pueblos ancestrales hace mil, al igual que las sociedades medievales y los Estados modernos. No obstante, aunque la brutalidad extrema es común también lo es excepcional. No es la norma y todo ha sido la guerra de los Treinta Años, el genocidio de Ruanda o la expansión mexica, y lo cierto es que en muchos territorios la paz, -o el conflicto limitado intermitente- ha prevalecido a lo largo de los siglos. Los seres humanos han sido capaces de encontrar alternativas al enfrentamiento armado mediante la negociación o la cooperación e incluso ha habido guerras en las que la violencia no ha sido siempre igual de salvaje.

Con frecuencia, el descubrimiento de una masacre espantosa en la Prehistoria se presenta como prueba de la brutalidad intrínseca del ser humano. En realidad, podríamos darle la vuelta al argumento y entender las fosas como prueba de la excepcionalidad de la violencia extrema porque la Historia, a pesar de todo, no es una fosa común. De hecho, ninguna de las dos historias dominantes sobre la violencia es cierta: ni la violencia salvaje como constante sin cambios, ni la violencia salvaje progresivamente domada por el proceso civilizador.

Lo que se observa en perspectiva global y de larga duración es que las sociedades se han visto sometidas a lo largo de la Historia a ciclos de violencia; ha habido periodos de conflictos ilimitados, decisivos o totales. Esto no es solo característico de Occidente, sino también de regiones del mundo o períodos históricos sin formaciones estatales, como es el caso de la Prehistoria euroasiática o de las sociedades nativas norteamericanas antes del siglo XVI. Estos ciclos resultan muy visibles arqueológicamente. Si la violencia extrema o la guerra ilimitada fueran el orden normal en todas las sociedades o en las pre-estatales, el número de fosas comunes y sitios devastados por la guerra sería constante. Y no es así. El caso de la Prehistoria europea que es la mejor conocida, es elocuente: ¿Por qué conocemos más casos de masacres para el final de la *Libienbrankeramik (LBK)* que para toda la Edad del Bronce?. Porque al final de la LBK ocurrió un episodio de violencia extrema comparable en términos relativos a los que conocemos en la época histórica, como la guerra de los Treinta Años o la Primera guerra mundial. Considerar que las fosas LBK son un testimonio representativo de cómo era la vida en el Neolítico es un error, lo mismo que pensar que la Segunda guerra mundial es característica de nuestra experiencia cotidiana. Un problema de teorías sobre la violencia como las de Steven Parker o Lawrence H. Keeley es que estigmatizan a las sociedades tribales (del pasado o del presente) como inherentemente agresivas

Si entendemos que la guerra sin límites no es lo habitual, podemos empezar a plantearnos preguntas históricas: ¿qué lleva a que en un momento determinado se desborden las normas morales que ponen límite a la violencia?. Las causas son múltiples, pero existen algunas tendencias, una de ellas es el cambio climático. Las sequías, por ejemplo, desempeñaron un papel destacado en la Crisis del Bronce Final en el Próximo Oriente y posiblemente en las masacres del Nilo Medio hace 13.000 años. Más decisiva aún es la emergencia de un régimen climático impredecible, como en el Sudeste de EE.UU. hace mil años y en la actualidad en todo el mundo. El pasado nos debería servir de advertencia.

La violencia extrema, la guerra sin límites, también aparece en contextos de expansión territorial y concretamente cuando pone en contacto a grupos culturalmente muy distintos como los europeos y los amerindios en los siglos XVI y XVII o los europeos y los subsaharianos a fines del siglo XIX. Aunque existe una preferencia transcultural por guerrear contra el vecino, con quien compartimos códigos culturales, resulta más fácil deshumanizar al *otro*, al que es diferente por su cultura, religión, ideología o raza. Y someterlo a formas excesivas de violencia. Por eso la violencia de los nazis fue más bárbara en la Europa del este, donde las diferencias culturales eran más llamativas, que en la del oeste, donde no lo eran.

La violencia extrema acompaña con frecuencia el colapso de un sistema político; desaparecen los límites sociales impuestos a la guerra o bien se desatan tensiones que llevaban tiempo reprimidas. Un buen ejemplo es la cultura maya; la mayoría de los ejemplos de violencia excesiva que conocemos arqueológicamente corresponden a sus fases finales, cuando el orden tradicional comienza a resquebrajarse. Pero la violencia extrema caracteriza también el nacimiento de nuevos regímenes políticos, especialmente cuando otorgan al soberano un mayor poder y lo asocian a la divinidad. Por eso los sacrificios humanos se practican en momentos tempranos de formación estatal en; Mesopotamia, Egipto, Sudán y China, durante el tercer y segundo milenio a.C. Suelen desaparecer o disminuir drásticamente tras un breve período de tiempo y se borran de la memoria (como Egipto) o se recuerdan como un crimen (China), una demostración más de que la violencia abyecta no es lo habitual en el comportamiento humano. También en este contexto debemos entender los sacrificios y el canibalismo en el incipiente estado azteca. Su desaparición a manos de los españoles nos impide saber cómo habría evolucionado. Pero lo más probable es que su trayectoria no hubiera sido diferente a la de Mesopotamia a China.

Deberíamos preguntarnos qué objetivos persigue el exceso de violencia. En varios casos está claro que lo que busca es construir memoria; una pedagogía del terror. Es el caso del Imperio neoasirio o los Pueblos ancestrales. O Tell Brak en el Calcolítico o el Fascismo en el siglo XX. La diferencia es que en las sociedades premodernas la violencia se practicaba de forma teatral, ritual y pública, mientras que en los siglos XX y XXI el terror algunas veces lo hace como espectáculo (las ejecuciones públicas de partisanos o las de ISIS), pero la mayoría son veladas como el terror estalinista o los asesinatos en el Cono Sur.

Igual de interesante que la irrupción de formas excesivas de violencia son las limitaciones que se le imponen. Estas han existido desde mucho antes que la Convención de Ginebra de 1864. Es más, su funcionamiento fue habitual en tiempos prehistóricos. El escaso número de masacres indiscriminadas que conocemos durante la Edad del Bronce y la Primera Edad del Hierro en Europa posiblemente tenga que ver con una regulación social, igual que la desaparición de los sacrificios humanos en Teotihuacán o el Egipto faraónico, por mencionar dos periodos bien distintos. En la restricción no solo intervienen códigos de honor, principios morales o leyes, también lo hacen los objetos y las prácticas materiales. Es significativo que en la Edad del Bronce europeo, el Japón Tokugawa y la Europa del siglo XVIII la limitación de la violencia excesiva coincida con ceremoniales bélicos elaborados y una cultura material refinada de carácter militar.

Otra cuestión recurrente que hemos estudiado es la relación entre guerra y orden social. Lejos de subvertirlo, la violencia institucional por lo general lo refuerza. Y lo hace a través de prácticas materiales; en los espacios que utilizan oficiales y tropa, en la comida que consumen y en donde la consumen, en la forma en que visten y hasta en las armas que utilizan. Lo hemos podido comprobar en los fuertes fronterizos de EE.UU. en el siglo XVIII y en los de Argentina en el siglo XIX, a bordo de los navíos del siglo XVII y hasta en los puestos militares fascistas del siglo XX. En la Prehistoria, la aparición de una cultura material específica para la guerra surge al mismo tiempo que una cultura material específica para la élite. Y entre los primeros objetos de estatus se cuentan las armas.

El género, al igual que la clase y la raza, impregnan la institución militar y la forma en que se practica la violencia. Una forma específica de identidad masculina, -patriarcal y agresiva- se desarrolló en paralelo a la guerra como institución. Los guerreros forman comunidades íntimas, con sus códigos, sus relaciones sociales y afectivas e identidad de grupo. Este tipo de comunidades se crean también a través de prácticas materiales mediante el empleo de objetos (armas, uniformes), el consumo social de determinadas sustancias (alcohol, tabaco y otras drogas) y el uso de determinados espacios androcéntricos como; cuarteles, santuarios, fuertes, campamentos y trincheras. La identidad de género se crea también a través de prácticas diferenciales de violencia, tanto por lo que se refiere a quienes la practican como a quienes la sufren. El ejercicio de la guerra es universalmente masculino desde que hace su aparición. Es cierto que existen numerosos casos de mujeres guerreras (amazonas, vikingas, mayas) pero son una minoría respecto a la violencia practicada por los hombres. Respecto a quienes sufren la violencia, los restos humanos dejan claro que no se suele matar igual a hombres y mujeres. Los múltiples y repetidos traumas encontrados en los esqueletos femeninos revelan que las mujeres son más habitualmente víctimas de ensañamiento, lo que implica violación. Los varones suelen morir más fácilmente en combate o ejecuciones limpias, Es un patrón que se observa a lo largo de milenios y en culturas bien distintas.

La estrecha relación entre violencia e identidad (de clase, género o racial) explica la gran elaboración de las armas desde que aparecen, en torno al cuarto milenio a.C. Las armas son hermosas y ergonómicas, se adaptan al cuerpo y acaban formando parte de éste. El arma es indistinguible de quien la porta, sea en la Prehistoria o en el siglo XXI. La belleza de las armas tiene mucho que ver con la identidad masculina pero también con el acto transgresor que es matar. La guerra es una inversión del estado normal de las cosas, que es la paz. Y por eso no solo las armas se subliman, sino que toda la institución de la guerra: los santuarios de victoria, la arquitectura militar, el atuendo o el cuidado corporal. La guerra es un momento de crisis que debe controlarse con rituales.

Pese a la importancia social de las armas, la tecnología más avanzada no siempre se ha aplicado a lo militar. Se observa una interesante trayectoria diferencial entre Europa y otros continentes hasta el siglo XIX. Mientras que en Europa las innovaciones tecnológicas beneficiaron siempre a la práctica de la guerra, en el caso de China, América y buena parte de África subsahariana sucedió lo contrario; en el mejor de los casos se aplicaron tarde o marginalmente. En China, la metalurgia del bronce con fines artísticos y religiosos adquirió un desarrollo extraordinario muchos siglos antes de que el conocimiento adquirido se utilizara para fabricar el mecanismo de las primeras ballestas, y el hierro de África subsahariana se puso al servicio de la Agricultura. Por lo que respecta a las culturas americanas, el conocimiento metalúrgico se empleó con fines decorativos y rituales, más que bélicos. Las armas siguieron siendo de piedra y madera.

Algo a lo que la Arqueología contribuye decisivamente es a cambiar nuestras nociones de cómo era la violencia en sociedades no estatales. Solemos considerar que en ese tipo de grupos no existe estrategia militar, las normas brillan por su ausencia y la guerra, aunque frecuente, es localizada en el espacio. Las tres asunciones son falsas. Por lo que respecta a la última, descubrimientos como el reciente de Tollense permiten imaginar un pasado muy distinto: una batalla campal entre miles de guerreros, provenientes de regiones a cientos de kilómetros y que se saldó con un número elevadísimo de bajas. En términos relativos, el daño demográfico que podía causar una guerra prehistórica no era muy diferente al de los conflictos contemporáneos. Los hallazgos correspondientes a la Edad del Hierro confirman que las grandes batallas no fueron una rareza.

Hay dos cuestiones fundamentales; el paisaje y el exceso porque son fenómenos materiales, y por tanto, comprensibles arqueológicamente. La relación del paisaje con la guerra es coherente con el paisaje. Por eso las primeras sociedades neolíticas apenas lo modificaron con fines bélicos mientras que las estatales lo hacen de forma intensa y permanente. Hay varios momentos clave en esta relación: en la Prehistoria; la aparición de recintos fortificados, en la Antigüedad: las primeras ciudades, -inseparables de las guerras- con grandes infraestructuras bélicas de uso limitado que transforman el paisaje como; caminos, obras de asedio (Muro de Adriano, la Gran Muralla China). En la Edad Moderna las infraestructuras de tales estructuras se adaptan a la geografía y geometría como los fuertes de estrella. En la época contemporánea tiene lugar la devastación del paisaje, del suelo, la preeminencia de lo subterráneo y la modificación del espacio.

En cuanto al exceso, la guerra es un despilfarro de vida y de materia, y por eso la huella arqueológica es la desmesura; las fosas, los montones de huesos, las fortificaciones monumentales o las armas. Hoy se aprecia claramente en la Guerra en Ucrania;

ciudades devastadas convertidas en escombros, fosas comunes y maquinaria bélica convertida en chatarra. Los montones de carros calcinados en Ucrania no son tan distintos a los montones de armas de la Edad de Hierro en Illeruo Årdal. Georges Bataille consideraba el exceso parte esencial del ser humano (de la vida) un hecho inexorable. Lo que ocurre es que este exceso puede manifestarse de forma positiva, con creatividad y generosidad, o de manera negativa y catastrófica, la elección es nuestra.

La Arqueología nos ofrece una visión íntima y cotidiana de la violencia, la experiencia de los soldados en su día a día; qué comieron, dónde durmieron, de qué enfermaron, en qué creían, cómo fue su infancia o de qué forma murieron, objetos triviales como una escudilla o un amuleto adquieren una importancia inusitada. La intimidad que revela la Arqueología es también la de la violencia más sórdida. La descripción de una fosa común sirve de antídoto contra cualquier romantización de la guerra, contra los relatos épicos con olor a neftalina.

Quizá lo más importante de la Arqueología tiene que ver con la ética porque extiende nuestra responsabilidad hacia los otros sin límites espaciales o temporales. La extiende hacia personas que no conocemos y que, pese a ello, nos importan o nos deberían importar porque son seres humanos que han vivido y sufrido, igual que nosotros. La Arqueología es un ejercicio de compasión que significa *sufrir juntos*, o una forma de simpatía, de sentir con el otro, aquel a quien nunca hemos conocido, de quien nos separan décadas, siglos o milenios. ¿Es tan extraño emocionarse con quienes tuvieron que sepultar a los suyos masacrados en Koszyce hace cinco mil años? ¿Es difícil ponerse en el lugar de quienes se encontraron a sus mujeres, hermanas o hijas asesinadas?. La Arqueología de la violencia nos acerca al pasado sin necesidad de traducción. Enterrar a un hijo muerto es lo mismo en el Paleolítico de Sudán que en la Palestina del siglo XXI. Y si somos capaces de emocionarnos con el sufrimiento de quien vivió hace mil años, ¿cómo no hacerlo con quien está vivo hoy?. Dice el poeta Luis Rosales que; 'la muerte no interrumpe nada'. Negarle a la muerte la capacidad de interrumpir es como negarle la capacidad de decidir sobre la Historia, sobre quienes forman o no el círculo del *nosotros*, qué es contemporáneo y qué no lo es. Una capacidad que le niega otro poeta, Óscar Acosta, cuando escribe:

> 'Descanse en paz
> les dicen a los muertos
> para que se refugien en su lápida.
> Pero no quiero
> que mi padre descanse
> en sorda tierra.
> Que no descanse.
> Que su nombre tiemble.
> Guerra a la muerte'

Guerra a la muerte es la que declaramos los arqueólogos cada vez que excavamos un yacimiento. Y dar guerra a la muerte es lo que yo he tratado de hacer con mi trabajo para que los muertos sigan vivos en nuestra memoria y vivan para siempre.

Alfredo Gonzáles Ruibal. *Tierra arrasada. Un viaje por la violencia del Paleolítico al Siglo XXI.* 2023: 435-447.

Alfredo González Ruibal (1976-). Arqueólogo e investigador en el Instituto de Ciencias del Patrimonio de Santiago de Compostela. Doctor en Arqueología Prehistórica (2003). Profesor asociado de la *American University Abroad* de Madrid (2004). Becario postdoctoral *MEC/Fulbright* en el *Archaeology Center*, Standford University, EE.UU. (2005-2006). Desde 2009 trabaja en el Instituto de Ciencias del Patrimonio del CSIC de Santiago de Compostela. Es coeditor de la revista: *Journal of Contemporary Archeology*, especializada en la Arqueología de los siglos XX y XXI.

Sobre nacionalismo y rusofobia por José Faraldo

Una observación detenida de los diversos fragmentos que hemos ido presentando nos dejaría ver algo muy claro: que el proceso de construcción del Estado soviético y la forma que adoptó el crecimiento de pertenencia a ese Estado, pueden explicarnos buena parte de las características del nacionalismo ruso contemporáneo.

Los presupuestos anacionales de los bolcheviques tras la Revolución acabaron por constituir una excusa para actuaciones de tono imperialista en el marco de un Estado de nacionalidad muy precisa. Que el sistema poseyese un código de conducta que, en su aspecto externo, mostrase una vestimenta marxista-leninista, y que parte de sus actuaciones respondieran a ese código, no implica que las naciones, el Estado y el sistema en su conjunto se avinieran a la teoría marxista soviética. De este modo, buena parte de los habitantes de la Unión Soviética acababan por estrellarse contra los muros invisibles de un régimen que decía una cosa, pero exigía otra. Si el régimen hablaba de internacionalismo, pero practicaba el nacionalismo, a la larga este doble discurso generaba la necesidad de crear formas de expresar la propia identidad que fueran más acordes con lo que realmente estaba sucediendo. El fenómeno del renacimiento del nacionalismo ruso es una de las más visibles de estas realidades surgidas a lo largo del proceso.

Es además este nacionalismo renacido, –o mejor dicho recreado- es el que se irá desarrollando en el sistema del putinismo. Olvidadas ya las ansias reformistas de la primera legislatura, Vladimir Putin se lanzó a incrementar su poder como forma de incrementar el de Rusia asumiendo los traumas de millones de ciudadanos de la Federación Rusa que no habían estado nunca de acuerdo con la desintegración de la URSS. Las señas de identidad soviéticas fueron trasladadas a un sentimiento identitario nominalmente distinto en un país que seguía siendo increíblemente multinacional. Es a este movimiento rusificado al que apelan los nacionalistas rusófonos fuera de la Federación, el mismo que ha impulsado las violencias en las fronteras, sea en Ucrania, Georgia o Transnistria.

Vladimir Putin está liderando la revolución conservadora más potente y exitosa de los últimos cincuenta años. Ha construido un Estado basado en monopolios económicos, guerras exteriores, propaganda religiosa y nacional, un recorte de derechos políticos y sociales abultado, una persecución implacable y errática del diferente junto con un capitalismo salvaje y cruel, completamente trucado.

A cambio, Putin ofreció a Rusia desde un principio una estabilidad ampliamente añorada, una recuperación económica, una centralización del poder que vetaba la anarquía de los oligarcas de los años noventa. No fue poco. Para un país sumido en la miseria económica y la postración moral, Putin brindó la posibilidad de un renacer y de una estabilidad evidentes, pero fue incapaz de dar el paso hacia una democratización del sistema que habría sido muy necesaria. Ahora ese camino parece ya vedado.

La ingeniería social bolchevique ha venido a dar, -casi cien años después- en la creación de un sentimiento nacional que tiene miedo y fobia ante el extraño, alberga un poderoso impulso expansivo e imperial, trufado de añeja religión, y es nostálgico en su formación y reaccionario en sus posiciones. Es cierto que, por otro lado, perduran en Rusia otras formas de comprender el mundo que dan pie a la esperanza: un desagrado con el racismo y la desigualdad evidentes en el discurso público, una necesidad de estabilidad que se opone a las aventuras imperiales, una sociedad que sigue teniendo a Europa como una referencia clave en sus vidas. Y un pueblo que se merece un futuro mejor y más libre, en un país donde la cultura es ahora tan vital como en la época de los grandes clásicos de la literatura.

Rusofobia

Rusia y Europa se han enamorado a lo largo de la Historia tantas veces como han roto. Su relación ha sido un baile de filia y de fobia que ha despertado pasión y recelo en un continente deslumbrado por la cultura rusa y temeroso a la vez de su músculo militar y su ambición imperialista. Un vecino gigantesco e incómodo al que a menudo se ha pintado en un blanco y negro huérfano de matices. Como un 'país más salvaje, más bárbaro y menos civilizado que Europa' a lo largo de siglos de tensión y distensión política. El estereotipo ha permeado un poco como ha ocurrido con España, que a menudo ha sido tachada de poco desarrollada y semiafricana. A Rusia se la ha calificado también como semiasiática con intención de estigmatizarla. Un prejuicio que ha ido en paralelo a los vaivenes políticos del momento. Cada vez que Moscú participa del concierto de naciones europeas, como cuando apoyó la guerra contra Hitler, esa imagen desaparece y llega en cambio un periodo de rusofilia. Es decir que el prejuicio está atornillado en la mentalidad europea, pero de una manera que permite extraerlo de cuando en cuando.

Se trata de un reduccionismo bidireccional que ha calado históricamente entre los europeos, pero también entre los rusos, en forma de victimismo alimentado en los últimos tiempos por esa especie de leyenda negra que la maquinaria propagandística del Kremlin utiliza para justificar sus ataques a Occidente. Los rusos se han sentido tradicionalmente minusvalorados, algo que ha derivado a veces en un complejo de inferioridad que han compensado exagerando el valor de su nacionalidad y su cultura. Sometidos a un estricto régimen de propaganda que pinta a su país como un territorio acorralado por la amenaza extranjera y hace años que vuelven a estar en guardia contra Europa. Algo que Putin ha utilizado como pegamento para cohesionar a los ciudadanos en torno a su cruzada ultranacionalista en Ucrania.

La imagen negativa de Rusia suele colocarse en la casilla del enemigo de Occidente con ansias expansionistas y vocación opresora de sus propias minorías. Como un país enfrentado a Europa y a sus democracias liberales por una Rusia bárbara. La mala prensa del gigante estepario se remonta al siglo XVI, cuando la entonces Moscovia empezó a meter baza en los asuntos europeos lo que impuso una reacción de sus contrincantes en la batalla por conquistar territorios bálticos. Si alguien encarna esa cualidad de la Rusia salvaje en el imaginario colectivo europeo es Iván el Terrible, ese zar medio loco capaz de matar a su hijo en un arrebato de ira y despedazar a sus enemigos con una jauría de perros. Este estereotipo del gobernante cruel de Rusia ha permanecido vigente hasta nuestros días. En algunos periodos históricos de Rusia esto ha sido real pero en otros ha habido gobernantes ilustrados y ni más ni menos crueles que otros gobernantes europeos. Uno de ellos, rusófobo, fue Napoleón Bonaparte. En su ambición de dominio europeo Napoleón inició una campaña para denigrar Rusia, estrategia propia de toda guerra como se hizo con las tropas españolas en Flandes o como hicieron los rusos con los alemanes en la Primera Guerra Mundial. Justo lo que ha hecho Putin con los ucranianos: *deshumanizarles*.

En el siglo XX los nazis sobrepasaron todos los límites de deshumanización considerando a los eslavos una raza inferior que sólo servía para la esclavitud. Había que someterlos o esclavizarlos. También a los bolcheviques se los retrató más como asiáticos y bárbaros que como representantes de una corriente ideológica nacida en Europa y en el periodo de la Ilustración. La imagen de Rusia siempre ha sido ambivalente marcada por una rusofilia incluso en periodos históricos críticos, por ejemplo, a principios del siglo XX la Literatura rusa destaca como una de las más importantes de Europa. La *perestroika* abrió una etapa de relaciones más normales entre Rusia y Europa. Los ochenta fueron de rusofilia cuando se abandona el estereotipo del ruso como súbdito de una dictadura totalitaria. Rusia aparece como un país simpático representado por Gorbachov capaz de dialogar y hablar de desarme nuclear. A esta época siguió el pendulazo de la caída de la URSS y una oleada de privatizaciones que mostró al ruso como a un mafioso propio del Chicago de los años treinta. La transformación económica fracasó hasta el punto de ser controlado por una oligarquía mafiosa.

La guerra de Ucrania ha acrecentado el odio entre vecinos y europeos. Aunque hay que saber distinguir entre; las élites, el ejército ruso y el pueblo de Rusia. El camino a una democratización que permitiera al país acercarse a Occidente permanece lejana porque debe erradicarse a Putin, el putinismo y la influencia de las élites corruptas rusas. Europa nunca ha sido un enemigo de Rusia ni siquiera durante el hundimiento de la URSS cuando las cancillerías europeas procuraron evitar su colapso. En el presente no existe ninguna figura democrática que pudiera trabajar por el estado de derecho y sacar al país de esa paranoia del odio a Rusia. Y mientras no haya un líder con carisma el putinismo tiene oxígeno para sobrevivir con Vladimir Putin o sin él.

José Faraldo. *El nacionalismo ruso moderno*, 2020: 117-119. / *Rusofobia*, 2023.

José Faraldo (1969-). Profesor Titular en la Universidad Complutense de Madrid. Investigador en la Universidad Europea Viodrina (Alemania 1997-2002) y en el Centro de Investigación de Historia Contemporánea de Posdam.

Nota sobre el Nacionalismo por Isaiah Berlin

Aunque se ha escrito mucho sobre el Nacionalismo durante los últimos cien años, quizá no sea todavía bastante porque durante este tiempo no es que haya sido una de las influencias más poderosas sobre la vida pública de Occidente, sino que, de hecho, ha sido la corriente más influyente de todas y hoy alcanza a todo el mundo. Se han dado muchas explicaciones; que es la expresión ideológica del Estado-nación, y que decaerá con él una vez que llegue a sus últimas consecuencias el proceso de debilitamiento de las barreras nacionales producido por las dos guerras mundiales, así como la vasta expansión de los grandes negocios con sus ramificaciones mundiales. Alternativamente, que es una fe secular generada para llenar el vacío creado por el declive de la religión; o que es un producto residual de la lucha de clases, una forma de opio con la que se alimenta a los proletarios, o que crean ellos mismos, pensada para que obedezcan y defiendan a sus amos capitalistas. Pero los grandes cambios de la humanidad no han hecho que el Nacionalismo desaparezca y ni siquiera han aminorado su crecimiento. Más bien al contrario, ha sido aupado por guerras y revoluciones, y es hoy (2019) más fuerte y peligroso que nunca. De hecho, tiene todo el sentido afirmar que si la humanidad acaba por aniquilarse a sí misma, lo hará por un estallido de violencia no social sino nacionalista.

He aquí la paradoja: vivimos en un mundo más unido que cualquier otra sociedad de seres humanos conocida. La tremenda expansión de las comunicaciones, que hace que se pueda saber en cualquier país del mundo la última invención, descubrimiento o suceso importante, incluso una noticia superficial, algo desconocido antes del siglo XIX. Es una tautología, -trágica, eso sí-, que el desarrollo sin precedentes de las armas de destrucción masiva, -el equilibrio de terror en el que vivimos- haya creado una interdependencia entre los seres humanos, una especie de unidad. Todos los levantamientos militares de la historia contemporánea han tendido a derribar muros. La Revolución francesa y Napoleón socavaron el Estado dinástico, proceso terminado durante la Primera

Guerra mundial. La Segunda Guerra mundial acabó con el colonialismo y con la defensa de las fronteras europeas. Aunque ha habido que pagar un precio terrible, una de las consecuencias de la invasión de Hitler y de su intento de reorganización de Europa ha sido la destrucción de las viejas fronteras, lo que se ha convertido en un factor determinante de la Unión Europea económica y en un futuro no solo posible, sino probable, también políticamente.

Es un lugar común decir que vivimos en un mundo dividido por ideologías en conflicto que, al margen de lo que defiendan, son globales y no están confinadas dentro de las fronteras nacionales. Sin embargo, ningún movimiento que no se haya aliado con el Nacionalismo ha triunfado; todos aquellos movimientos que lo han desafiado o han sido totalmente derrotados o debilitados por su resistencia.

La Revolución francesa, con la que empieza la Historia contemporánea, estaba imbuida por ideales universales; libertad, igualdad y fraternidad entre todos los hombres y no solo de los franceses, cristianos o de piel blanca, sino que acabó con la invasión de muchas naciones. Napoleón y su sueño de gloria nacional que inflingió tales heridas en otras naciones europeas condujo a la aparición de los sentimientos nacionales de los conquistados y a un nacionalismo patológicamente violento. Hombres como Goethe y Hegel, que creían en un orden tranquilo y racional, organizado por hombres de amplias miras, nada proclives a las pasiones individuales o nacionales, se hicieron impopulares entre 1813-1815 cuando no siguieron la erupción de violentos sentimientos nacionales en Alemania.

Otro tanto ocurrió en 1848 cuando las revoluciones democráticas inspiradas por ideales universalistas fueron aplastadas por personajes que representaban formas de nacionalismo agresivo como Napoleón III y Bismarck. La revolución en el Imperio austrohúngaro fue aplastada con la ayuda de Rusia contra los eslavos del sur, cuyos sentimientos puramente nacionales, –casi tribales-fueron manipulados contra los revolucionarios no eslavos, alemanes o magiares. El resultado de la Guerra franco-prusiana de 1870 vino acompañado por un crecimiento de las ambiciones del pangermanismo.

Ni puede explicarse 1914 por las rivalidades nacionalcapitalistas, como por el choque entre imperialismos, último estadio del capitalismo depredador, en una guerra encarnizada. Lo que ocurrió fue el deseo de poder y gloria por parte de los grandes Estados europeos, –puro sentimiento nacionalista irracional- que fue un obstáculo al libre desarrollo del capitalismo mundial, que habría conducido a acuerdos pacíficos sobre la explotación común de materias primas por los pueblos nativos si hubiera existido determinación. La violencia nacionalista hizo saltar los cálculos pacifistas porque una guerra no interesaba a nadie, y menos aún lo esperaba la Internacional Socialista, que había prometido, –por parte de los líderes de los partidos obreros alemanes- que nada haría que los trabajadores se enfrentaran unos contra otros porque las guerras nacionales eran una espantosa reliquia de un pasado brutal e irracional que nunca se habría de repetir.

Es necesario señalar que la eclosión de sentimiento nacional apareció en 1918 entre conquistadores y conquistados. El ejemplo más destacado fue Rusia, la Revolución bolchevique de 1917, -de carácter antinacionalista- que acabó siguiendo el precedente francés. Bajo Stalin y sus sucesores, el sentimiento nacional no fue descuidado, acabó por identificarse con la variedad rusa del comunismo, y durante la Segunda Guerra mundial y su posguerra, comunismo y orgullo nacional ruso acabaron por identificarse, anticapitalismo y patriotismo ruso fueron uno. La revolución china y los movimientos comunistas en el Sudeste asiático fueron impulsados por una ola de xenofobia, que el enemigo fueran; los diablos blancos o los capitalistas, explotadores o imperialistas extranjeros no era relevante. La revolución china fue nacional e ideológica.

El Liberalismo, de la mano del nacionalismo contra la autocracia y el clericalismo, fue derrotado y el Socialismo sufrió un eclipse parecido en 1914 por la identificación histórica del futuro comunismo con los intereses nacionales del Estado soviético. Incluso EEUU, una sociedad nacida con el propósito de superar las jerarquías sociales y las rivalidades nacionalistas europeas, acabó por desarrollar un formidable nacionalismo propio. Los nuevos nacionalismos de; Asia, África y América Latina, son característicos de nuestra época. Son ellos los que determinan los votos en las asambleas internacionales y alimentan guerras, revoluciones y dictaduras militares por todo el mundo. Hay que ser muy ingenuo para representar los sentimientos nacionales heridos como secundarios de un conflicto universal, revolucionario, librado entre antagonistas ideológicos o socioeconómicos.

El siglo XVIII, que se contempla como aburrido, autosatisfecho y escéptico hasta el cinismo, resultó ser el caldo de cultivo donde nacieron las pasiones violentas que fueron apareciendo en su última década. Había dos tendencias en conflicto en ese siglo de aparente calma y racionalidad; la primera, la fe en la universalidad de la razón que proclamaba la Era de la Ilustración. El universalismo suponía para algunos los movimientos secretos de la época: los francmasones, los iluministas y movimientos rivales de las religiones que, aunque pudieran ser irracionales e ininteligibles en sus doctrinas, coincidían en predicar hermandad universal, armonía y paz.

Pero frente a esta tendencia, había otra opuesta, la del sentimiento nacional herido que se formó primero de forma fragmentaria y provincial. Y, sin embargo, esta tendencia adquirió impulso para acabar saliendo victoriosa en la lucha por la posesión de la voluntad e imaginación de los hombres. Fuera el separatismo creado por el cisma luterano, y la destrucción de una cristiandad unida, o la humillación infringida sobre los alemanes por el ejército de Luis XIV durante la carnicería de la Guerra de los Treinta Años, o la orgullosa ascendencia de Francia en la acción y el pensamiento que crearon un sentimiento de inferioridad y derrota en los humillados alemanes que les llevó a compensar en el mundo interior del espíritu lo perdido en el material, ya que fue entre los alemanes donde nació un nacionalismo moderno violentamente contagioso. La reacción de Alemania comenzó a adquirir fuerza, primero en forma de nacionalismo cultural o populista, que alababa la importancia de las raíces históricas, el linaje de los hombres de la misma lengua y tradiciones, la importancia del sentimiento regional y local, el papel de las artes y costumbres, que parecía la expresión más valiosa de la esencia de los hombres que el vacío cosmopolitismo de Francia. Sin embargo, tras la segunda humillación de Alemania por Napoleón, vino la transformación de esta autarquía cultural en furia nacionalista, indignada y agresiva que acabó de agitar a los alemanes durante todo el siglo XIX.

Las heridas causadas en el sentimiento nacional produjeron los mismos efectos; los franceses, derrotados en 1871; los italianos por Viena, la capital de un imperio multicultural, atravesaron una fase de pasión nacionalista. Cuando los Balcanes se sacudieron el yugo turco, también aparecieron estos síntomas, y a su vez, ellos mismos atrapados en la revolución de los Jóvenes turcos; finalmente el fenómeno más raro de todos: los judíos, desligados de todo territorio desde su expulsión en Jerusalén por el emperador Adriano, desarrollaron en el movimiento sionista un deseo de resurgimiento nacional similar al de los italianos, griegos e irlandeses.

Estas corrientes aumentaron la tensión acumulada en Europa desde una visión de convivencia pacífica para derivar en movimientos antieslavos, antisemitas hasta llegar a Hitler. *El nacionalismo es sin duda la fuerza más poderosa y destructiva de nuestro tiempo.* El peligro de una aniquilación completa de la humanidad tendrá su origen en una explosión de odio contra un enemigo real o imaginario, de la nación, y no de una iglesia o una clase; de la raza y no de la civilización. Predicar y argumentar resulta en vano, de qué sirve decírselo a una nueva nación africana, recién independizada, en la que sus ciudadanos prefieren ser maltratados y privados de la libertad por uno de los suyos a una administración justa y benevolente, desinteresada y eficiente de extranjeros; o apuntar a que los relativamente poco nacionalistas daneses son más sabios y felices que los feroces nacionalistas que gobiernan Sudáfrica.

Parece que hay una ley sociológica, trágica e inevitable, que dice que, si en una generación hay lágrimas e humillación, es probable que más tarde haya sangre, si no en la siguiente generación, en la que va detrás: la degradación sufrida por los abuelos acaba en la rebelión violenta de los nietos. No hay sabiduría suficiente que pueda convencer sobre lo mejor que estaría el pueblo en Chipre, Egipto, Cuba o el Congo, si permitieran que sus sociedades fueran gestionadas por expertos responsables, competentes, ilustrados pero foráneos, ansiosos de abandonar el papel de explotadores imperialistas para convertirse en desinteresados consejeros y administradores, que lo único que deseen fuera crear las condiciones en las que la independencia llegue sin violencia y con justicia interna. Este es el mundo en el que vivimos hoy en día. Entonces, ¿qué podemos hacer? ¿cómo pueden atemperarse todas estas pasiones y cómo puede promoverse y conservarse un mundo pacífico, civilizado y tolerante? No soy político ni profeta, y no tengo una idea mágica que lo resuelva. El comunismo no es un antídoto contra el nacionalismo. En Hungría, aunque se había establecido un genuino sistema comunista, fue el sentimiento nacional de campesinos y trabajadores lo que condujo a una explosión de resentimiento contra la presencia soviética en 1956; y este nacionalismo húngaro no puede ser descrito como producto de la lucha de clases, y hubo de ser suprimido por la fuerza ya que no se disolvió pacíficamente en la igualitaria sociedad comunista.

El sentimiento nacional no es *per se* malo o peligroso; solo se hace tal cuando es exagerado y desarrolla una condición patológica. Hay muchas maneras de atizar este sentimiento que, cuando se suprime con violencia, 'se pudre en su interior y el contagio se va extendiendo'. India, el ejemplo clásico de sentimiento nacional herido porque, al margen de sus diferentes tradiciones, los indios se sienten un único pueblo. Fue liberado pacíficamente, y su nacionalismo es hoy normal y no patológico. China ha sido demasiado dañada por la opresión y la arrogancia europeas en el siglo XIX; su caída fue más profunda de modo que su conciencia nacional soporta un trauma más hondo. En consecuencia, su reacción o venganza, será mucho más violenta lo que causará mayor ansiedad a sus vecinos y al mundo.

La creación de condiciones en las que el sentimiento nacional pueda desarrollarse de forma pacífica, la prevención de choques entre vecinos, -si es necesario mediando la comunidad internacional- el intento de apaciguar la irritación por la mera existencia de minorías que promueven los matrimonios mixtos o derriban las barreras sociales, económicas, étnicas, educativas allí donde las haya o en casos extremos mediante la emigración, todos estos son intentos para detener su desarrollo patológico en un estadio temprano que son la única esperanza que tenemos para evitar que, tal como dijo una vez Trotsky de Europa tras 1918: 'que se había convertido en un manicomio, salvo que a los internos no les pusieran la camisa de fuerza'.

Pudiera ser que la humanidad alcance a ver un tiempo en el que el Nacionalismo parezca algo absurdo y remoto pero hasta que llegue ese momento, debemos comprenderlo y no subestimarlo porque aquello que no se entiende no se puede controlar y domina a los hombres en lugar de ser dominado por ellos. Nuestra tarea es comprender las causas y las patologías de este fenómeno sobrecogedor, pero no anormal, y tratar de ofrecerle vías productivas de manifestación. Ni definirlo como algo irracional, ni explotarlo según nuestros intereses ni sucumbir a él. La educación es un proceso lento y las soluciones revolucionarias, incluyendo la comunista, han resultado ineficaces. Algunas naciones han sido afortunadas por haber pasado por una fase nacionalista y haber salido indemnes. Basta con conocimiento, imaginación, paciencia, genio, sentido y fe en las ilimitadas potencialidades de la humanidad, siempre que se conserve el control racional de las mismas que no es una esperanza utópica.

'Nota sobre el Nacionalismo' en *Nacionalidad y nacionalismo*, Madrid. 2022:98-115.

Isahiah Berlin (1909 -1997) Filósofo y sociólogo británico de origen letón opuesto al determinismo histórico y defensor del pluralismo ético. Emigró con su familia a Inglaterra después de la Revolución rusa. Cursó estudios de Filosofía en el Corpus Christi College de Oxford y enseñó Filosofía en el New College de la misma universidad entre 1932-1938. Fue nombrado miembro de la Junta de gobierno de dicho Colegio, cargo que mantuvo hasta 1950.

El sueño chino de Xi Jinping por Ma Jian

En noviembre de 2012, a las dos semanas de ser nombrado secretario general del Partido Comunista de China y pocos meses antes de ser investido presidente, Xi Jinping visitó el Museo Nacional de China, una enorme estructura estalinista magníficamente restaurada en el lado oriental de la plaza de Tianamén de Pekín, justo enfrente del Mausoleo de Mao. Acompañado por otros seis miembros de traje negro y rostro inexpresivo del Comité Permanente del Politburó, Xi Jinping recorrió; 'El camino al rejuvenecimiento', una *magnífica* exposición que abarca la Historia moderna de China desde la primera guerra del opio, en 1839, hasta la actualidad. Sala tras sala, fotografías y objetos describen la humillación de China en manos del poder colonial, la fundación de la República Popular en 1949 y el subsiguiente progreso del país bajo el gobierno del Partido Comunista. Pero en ningún lugar del inmenso espacio de la exposición se hace mención de las catástrofes ocasionadas por el presidente Mao y sus sucesores, tales como el Gran Salto Adelante, una temeraria campaña que buscaba transformar China en una utopía comunista y que provocó una hambruna que costó más de veinte millones de vidas; la psicosis colectiva de la Revolución Cultural que sumió China en una década de violencia callejera, caos y estancamiento, y la matanza de pacíficos manifestantes en favor de la democracia en las calles aledañas de la plaza de Tianamén en 1989. En este museo, y en las librerías y aulas fuera de él, la Historia de China a partir de 1949 se ha blanqueado y reducido a un feliz y anodino cuento de hadas.

Al término de la visita, Xi Ping presentó su 'sueño chino de rejuvenecimiento nacional', prometiendo que el régimen comunista conduciría a una mayor riqueza económica y devolvería a China a sus glorias pasadas. Desde entonces, este eslogan vago y nebuloso ha cimentado el gobierno. Como los déspotas que le precedieron, Xi Jinping ha afianzado su control del poder suprimiendo la información sobre el infierno desencadenado por el comunismo y prometiendo un paraíso futuro. Pero las utopías siempre conducen a distopías y los dictadores invariablemente se conviertien en dioses que exigen adoración diaria. Mientras escribo, el obediente parlamento chino ha eliminado los límites de los mandatos presidenciales, con lo que Xi Jinping podrá seguir siendo presidente de por vida. El torpemente titulado*: 'Pensamientos de Xi Jinping sobre el socialismo con características chinas para una nueva era' ha quedado consagrado en la Constitución.* Y recientemente el ministro de educación ha anunciado que los *Pensamientos de Xi Jinping* se incorporarán a los libros de texto y a 'los cerebros de los estudiantes'.

Los tiranos chinos nunca se han limitado a controlar la vida de la gente, siempre han perseguido penetrar en la mente de las personas y remodelarla desde dentro. De hecho, fueron los comunistas chinos de la década de 1950 quienes acuñaron la expresión 'lavado de cerebro (*xinao*)'. *El sueño chino* es otra bella mentira pergeñada por el Estado para borrar los recuerdos tenebrosos de las mentes chinas y reemplazarlos por pensamientos más alegres. Décadas de adoctrinamiento, propaganda, violencia y falsedades han dejado al pueblo tan aturdido y confuso que ha perdido la capacidad de distinguir la realidad de la ficción. Se ha tragado la mentira de que los líderes del Partido, y no el vasto ejército de trabajadores mal pagados, son responsables del milagro económico del país. El feroz consumismo alentado durante los últimos treinta años y que, junto con un nacionalismo exacerbado, ocupa el centro del *sueño chino* está convirtiendo a los chinos en niños grandes a los que se alimenta, viste y entretiene, pero sin derecho a recordar el pasado ni a hacer preguntas.

No obstante, la obligación del escritor es sondear en la oscuridad y, por encima de todo, contar la verdad. He escrito *El sueño chino* movido por la rabia contra las falsas utopías que han esclavizado e infantilizado China desde 1949 y para recordar el periodo más brutal de su historia reciente, –la fase de 'lucha violenta' de la Revolución cultural- ante un régimen que insiste en ocultarlo. El libro está lleno de absurdidades, tanto inventadas como reales. En la China actual existen por ejemplo; *agencias para el sueño chino*, *clubes nocturnos de la guardia roja* y *ceremonias masivas de aniversarios de boda para parejas octogenarias. La sopa del sueño chino y los implantes neuronales* son, por supuesto, fruto de mi imaginación. En mi empeño por expresar una verdad literaria superior, mis novelas siempre han fundido ficción y realidad.

Escribí mi primer libro, una meditación literaria sobre el Tibet titulada; *Saca la lengua*, hace treinta años. A las pocas semanas de publicarse, el gobierno la calificó de *contaminación espiritual* y ordenó retirar todos los ejemplares y destruirlos. Desde entonces, ha prohibido cada una de las novelas que he escrito en la China continental. Mi nombre se excluye de las listas oficiales de escritores chinos y los compendios de Literatura china; ni siquiera se me puede mencionar en la prensa. Y, lo que es peor, desde hace seis años el gobierno me niega el derecho a regresar. Pero yo continúo: escribir y escribir, como el padre del protagonista de *El sueño chino*. Continúo refugiándome en la belleza del chino y lo empleo para desenterrar recuerdos de la amnesia impuesta por el Estado, para ridiculizar y burlarme de los déspotas chinos y solidarizarme con sus víctimas sin perder de vista que en las funestas dictaduras la mayoría de las personas son al mismo tiempo opresores y oprimidos. El exilio es un castigo cruel. Pero vivir en Occidente me permite ver a través de la niebla de mentiras que envuelve mi país y crear la única literatura que me interesa; la que expresa de forma plena, sincera y libre la imagen del mundo del escritor.

Y pese a todo, no he sucumbido completamente al pesimismo. Todavía creo que la verdad y la belleza son fuerzas trascendentales que sobrevivirán a las tiranías humanas. Espero que cuando mis hijos tengan mi edad puedan comprarse mis novelas en las librerías chinas. Y, lo que es más importante, espero que el Partido Comunista de China, que ha encarcelado las mentes y maltratado los cuerpos de los chinos durante casi setenta años, y cuya creciente influencia comienza a corromper las democracias del mundo, quede relegado a las polvorientas salas de exposición del Museo Nacional. Cuando llegue ese día, espero que el pueblo chino sea capaz de enfrentarse a las pesadillas del pasado, decir la verdad tal cual la vea sin miedo a represalias y perseguir sus propios sueños, con la mente y el corazón liberados.

Ma Jian. 'Prólogo' en *El sueño chino*, 2022;11-14.

Ma Jian (1953-), autor de; *El sueño chino* (2022) escritor y disidente político chino. Trabajó como periodista para los sindicatos, hasta que su primer libro, publicado en 1986, fue condenado por las autoridades chinas, obligándole a huir a Hong Kong. Tras residir durante un tiempo en Alemania, ha fijado su residencia en Reino Unido.

En busca de consuelo sobre la guerra: El discurso de investidura de Abraham Lincoln sobre la Guerra de Secesión (1865)

Cuando Abraham Lincoln compareció en la escalinata del Capitolio la mañana de marzo de 1865 para jurar su cargo y pronunciar su segundo discurso de investidura, la multitud se encontraba debajo de las banderas y gallardetes, había soldados de ambas razas, hombres y mujeres que habían soportado la lluvia y a los que ahora iluminaba el sol. Quizá esperase que su discurso celebrara el triunfo de los ejércitos de la Unión. Al fin y al cabo, faltaban pocas semanas para la victoria final y todos se sentían aliviados del peso de la guerra. Si la multitud había acudido con ganas de celebrar el triunfo, Lincoln no le dio pie. Si la multitud quería un llamamiento a la venganza contra las tropas confederadas que luchaban sitiadas en su último bastión de Richmond, no la complació. Si quería un discurso largo, tampoco se lo dio; fue breve, de apenas siete minutos, tan decepcionante que dejó perplejos y desconcertados a quienes lo escucharon.

Lincoln pretendía explicar por qué había ocurrido la guerra, por qué un desastre como aquel se había abatido sobre el Norte y el Sur. Sus preguntas se dirigían a la Historia y a la Providencia. Él mismo había reflexionado durante mucho tiempo sobre el tema y creía que era el momento de decir en voz alta lo que llevaba años meditando.

En 1861, en su primera toma de posesión, cuando la Unión estaba a punto de romperse y se concentraban las tropas para dar comienzo a la guerra, había terminado su discurso a la multitud reunida en el Capitolio con una súplica cargada de emoción:

> 'Me cuesta terminar. No somos enemigos, sino amigos. No debemos ser enemigos. Aunque la pasión nos haya tensado, no debe romper nuestros lazos de afecto'.

Tanto los amigos como los enemigos habían hecho caso omiso de sus palabras. Al cabo de poco se produjo el ataque a Fort Sumter, al que siguieron cuatro años de derramamiento de sangre a una escala inimaginable; hombres que se degollaban a golpes de bayoneta, esclavos negros liberados que luchaban por la Unión, masacrados en Fort Pillow. El arroyo de Antietam se tiñó de sangre. Los campos de Gettysburg estaban sembrados de cadáveres. En los capotes de los muertos, los enterradores encontraban biblias, algunas agujereadas por el impacto de las balas.

Lincoln era un presidente que sufría con su pueblo. Visitaba los regimientos. Hablaba con los soldados. Guardaba en su corazón lo que había visto en sus jóvenes rostros; a veces la inocencia optimista, a veces la mirada perdida de quienes han sobrevivido el combate cuerpo a cuerpo. Sabía que en ocasiones los soldados enloquecían por el ruido, la sangre y el terror. Cada semana le llegaban cartas de madres que imploraban clemencia para sus hijos encarcelados por deserción. Cada vez que mandaba ahorcar a un desertor hacía mella en su ánimo, y su desesperación se hace patente en algunos momentos:

> '¿Debo fusilar al soldadito simplón que deserta, y en cambio no tocarle ni un pelo al astuto agitador que le induce a desertar?'

Mandaba ahorcar a algunos, perdonaba a otros, pero, en cada caso, la decisión era suya. Ejecutó a treinta y nueve guerreros dakotas en Minnessota porque habían hecho la guerra contra la Unión. Como responsable de las conmutaciones y las sentencias, tenía poderes de vida y muerte. En esto por lo menos era decisivo. Menos eficaz resultaba en sus esfuerzos por consolar. Cada semana escribía cartas a los huérfanos y a las viudas, consciente de que en tales casos el poder de las palabras era limitado:

> 'Me doy cuenta de lo débiles y estériles que deben ser mis palabras en un intento de hacerle pasar el dolor de una pérdida tan abrumadora. Pero no puedo abstenerme de brindarle el consuelo que pueda hallarse en la gratitud de la República por cuya salvación murieron'

A cada momento, de día y de noche, le llegaban telegramas de sus generales desde el campo de batalla, con noticias exasperantes por incompletas y desesperadas. Se daba cuenta de que, antes de que los leyera, los acontecimientos ya habrían seguido su curso. Mientras seguía con el dedo el progreso de las batallas en los mapas de su despacho, comentaba la locura sin poder hacer mucho para evitarla, aunque, desde luego lo intentara, reprochando a George Meade que dejara escapar a Robert E. Lee después de Gettysburg. Conteniendo su cólera a duras penas, le escribió en términos gélidos:

> 'Una vez más, mi querido general, no creo que aprecie usted la magnitud del desastre que supone la huida de Lee. Lo tenía al alcance de la mano y, si le hubiera cerrado el paso, en combinación con nuestras otras victorias recientes, habría terminado la guerra. Pero tal como están las cosas, la contienda se prolongará indefinidamente'

Lincoln se fue dando cuenta de que, si había que hacer la guerra, debía hacerse con feroz intensidad. Por eso animó a Ulysses S. Grant, cuyas tropas estaban congregadas ante Richmond, a seguir estrangulando al enemigo: 'manténgalo agarrado como un *bulldog*, y muérdale y ahóguele todo lo que pueda', le escribía. En los días anteriores a la batalla de Appomattox, cuando cabía la posibilidad de que se produjera cierta relajación, Lincoln le escribió a Grant: 'El general Sheridan dice que, si se presiona, cree que Lee se rendirá'. Y el presidente le contestó: 'Que se presione'.

Cuatro años de matanzas lo habían vuelto implacable, sin capacidad para fantasías. 'No somos enemigos, sino amigos. No debemos ser enemigos', había dicho en su momento, pero eso se había terminado. El derramamiento de sangre y el horror le habían vuelto inflexible. Se acabaron las negociaciones. No más intentos infructuosos de conseguir un armisticio o la paz. Solo contemplaba la victoria rotunda y sin paliativos.

Durante esta *prueba de fuego*, que le envejeció y endureció al igual que a su país, Lincoln se vio obligado a presenciar esta salvaje guerra fratricida de proporciones bíblicas. El horror de lo que sucedía le asombró. ¿Cómo había que interpretarlo?. Había observado que la espiral perversa había comenzado en la política, y que la gente honrada, cuando creía que estaba en juego lo que más valoraban, dejaba de hacer caso a los mejores ángeles de su naturaleza:

> 'La sangre se calienta y se derrama. El pensamiento se desborda de su antiguo cauce hacia la confusión. El engaño se reproduce y medra. La confianza muere y reina la desconfianza general. Todo hombre siente el impulso de matar a su vecino por miedo a ser asesinado antes por él. Y el resultado son venganzas y represalias'.

Si esta era la espiral perversa que atraía incluso a la gente honrada a su remolino, ¿cómo salir del pozo? Otros pensaban que la Historia sigue un curso ascendente, con un progreso y un impulso propios. El consuelo de esos otros, -Karl Marx y el marqués de Condorcet- que creían que la Historia podía moldearse para reivindicar las esperanzas de los hombres, no estaba al alcance de Lincoln. Él sabía mejor que ellos que el curso de los acontecimientos dependía del azar, de la fortuna, del genio humano y del error, y que todo eso era impredecible. Pero eso no le convertía en un fatalista. Lincoln poseía una poderosa imaginación histórica que le permitía situar la prueba de fuego de su tiempo en el marco de la historia de su país como la más grave de sus crisis en sus *ochenta y siete años*. Entendía la guerra como un punto de inflexión del destino que determinaría si debía prevalecer *el gobierno del pueblo, por el pueblo y para el pueblo*. A medida que la guerra continuaba, Lincoln empezaba a comprender que, 'al dar la libertad al esclavo', aseguramos la libertad al libre, y con ello preservamos 'la última esperanza de la tierra'. Este era el sentido que esperaba que la Historia revelara, pero no estuvo seguro, hasta los últimos meses, de que acabara siendo así.

Lincoln creía que la Historia les había encomendado a él y a su país una misión, pero su experiencia de impotencia esperando los telegramas, incapaz de saber lo que estaba ocurriendo o de detener la locura cuando podía verla claramente, le hizo ver lo poco que podía hacer incluso un presidente para dominar el desarrollo de la Historia:

> 'No pretendo haberme impuesto a los acontecimientos, sino que confieso sin embargo que los acontecimientos se me han impuesto a mí. Ahora, al cabo de tres años de lucha, el estado de la nación no es el que preveía o esperaba ninguno de los dos bandos ni persona alguna. Solo Dios se impone'

Al final la oscuridad de la noche, sentado en la sala de telégrafos con una manta sobre los hombros, esperando que los mensajeros le entregaran los últimos partes que llegaban del campo de batalla, no podía evitar recurrir al lenguaje religioso para reflexionar sobre el sentido último de toda esa barbarie. Para los hombres y mujeres de su generación, educados en la catequesis dominical, se trataba de escrutar los designios de la Providencia.

El consuelo habitual que se ofrecía en todas las iglesias, en todas las reuniones, en todos los discursos solemnes, a quienes habían perdido a sus hijos en la batalla, era que habían muerto por una causa sagrada. El himno, *Himno de batalla de la República* de Julia Ward Howe, se había convertido en la marcha de la Unión, con su inquietante mandato:

> 'Al igual que Él murió para hacer a los hombres santos,
> muramos nosotros para hacer a los hombres libres'

Lincoln lloró al oírlo por primera vez, pero ahora había comprobado hasta dónde llegaba en sus matanzas la terrible espada de dios. Todos creían que dios estaba de su lado pero Lincoln empezó a preguntarse cómo era posible. Sabía muy bien que, al otro lado de las líneas de batalla, a los soldados de uniforme gris de la Confederación, les predicaban los mismos sermones. Dios no podía estar a favor de los defensores de la esclavitud, pero ¿podía estar seguro Lincoln de que Dios estaba de parte de los libertadores? Llevaba mucho tiempo reflexionando sobre el tema. En 1862, cuando el destino parecía volverse en contra de la Unión tras la derrota en la segunda batalla de Bull Run, que llevó a Lee a las inmediaciones de Washington, Lincoln se sentó a escribir un párrafo reservado para sí mismo:

> 'Se impone la voluntad de Dios. En las grandes contiendas, cada bando dice obrar conforme a la voluntad de Dios. Tal vez ambos se equivoquen, y uno de ellos, con certeza. Dios no puede estar a favor y en contra de la misma cosa al mismo tiempo. En la presente guerra civil, es muy posible que las intenciones de Dios sean distintas a las de cualquiera de las partes y, sin embargo, los instrumentos humanos en acción son los más adecuados para llevar a la práctica sus intenciones. Casi me atrevería a decir que seguramente es verdad que Dios desea esta contienda, y desea que no termine aún. Con su simple y silente poder sobre las almas de los contendientes actuales. Dios podría haber salvado o destruido la Unión sin necesidad de contienda, Y, sin embargo, la contienda estalló. Habiendo estallado, Dios podía otorgar la victoria final a cualquiera de los dos bandos en cualquier momento. Y, sin embargo, la contienda prosigue'.

Mientras ambos bandos de la guerra civil proclamaban que Dios estaba de su parte, resulta llamativo que Lincoln rechazara tal consuelo. 'Es mi ferviente deseo, -escribía a sus partidarios en Chicago- averiguar la voluntad de la Providencia en este asunto. Y si consigo saber cuál es, la cumpliré'. Y añadía; 'no son tiempos de milagros'. El problema del presidente no era solo conocer la intención de Dios, le resultaba difícil incluso relacionarse con Él,

Un presidente tan responsable moralmente, que no podía dejar de dar vueltas a las consecuencias de ordenar la ejecución de un desertor o el envío de jóvenes al campo de batalla, es muy posible que tuviera tantas ganas de rezar como de costumbre, pero que éstas cedieran ante la mayor fuerza del remordimiento. Aunque no consiguiera obtener consuelo de sus plegarias lo cierto es que se aferró a la idea de que la guerra era un sufrimiento infringido a la nación por una Providencia que no acababa de entender. Soñaba que en el momento en que llegase la paz los enemigos tendrían que volver a unirse como ciudadanos. En su discurso quería señalar el dolor común, luego el arrepentimiento y finalmente la reconciliación. Recordó a los presentes que ninguno de los bandos había deseado la guerra, todos la temían y trataban de evitarla. Lincoln condenaba la guerra, pero uno de los bandos estaba dispuesto a hacer la guerra antes de permitir que la nación sobreviviera; y el otro estaba dispuesto a aceptar la guerra antes de permitir que pereciera.

Lincoln recordó a sus conciudadanos que la esclavitud había sido la causa de la guerra evocando la triste realidad de que los hombres pueden luchar y morir en la batalla sin entender por qué debían oponerse a la *esclavitud americana*, un pecado original. La esclavitud estaba rotundamente mal pero además se debatía si en una guerra civil un bando tenía derecho a condenar al otro por creer que Dios estaba de su parte. Lincoln entendía que el consuelo, el perdón y la reconciliación estaban relacionados. Políticamente consideraba que su misión era encontrar la manera de que el Norte perdonara al Sur por la guerra, de que el Sur aceptara su derrota y de que ambos se reconciliaran reconociendo las grandes pérdidas. *El pecado americano había sido condenado por Dios*. Muchos se preguntaban si un dios misericordioso podía infligir la guerra en ambos bandos con todas las matanzas, sangre y dolor:

> 'Si Dios quiere que la guerra continúe hasta que se consuman todas las riquezas acumuladas por los doscientos cincuenta años de trabajo no remunerado de los esclavos, y hasta que cada gota de sangre vertida por el látigo se pague con otra vertida por la espada, como se dijo hace tres mil años, habrá que decir aún que *los mandatos del Señor son rectos* (Salmo 19, versículo 9)'.

Lincoln citaba este salmo para invocar que el sentido último de la guerra estaba más allá de la comprensión de los hombres y las mujeres de ambos bandos así abría una puerta a la misericordia. Si el sentido de la guerra resultaba incomprensible, había que apoyarse en los deberes religiosos y morales de ambos bandos, como Lincoln proponía:

> 'Hay que curar las heridas de la nación, cuidar de quien ha soportado la batalla y de las viudas y huérfanos, con malicia para nadie, caridad para todos, con firmeza en la aplicación de la Justicia tal como Dios lo da a entender.'

Lincoln luchó contra lo mismo que en la actualidad: la fuerza de la maldad política que se levanta una y otra vez para amenazar el civismo ganado por la ciudadanía del que depende la democracia. Los Evangelios y los Salmos le ayudaron a apelar a la misericordia y al perdón. ¿Qué consuelo puede haber en su discurso a la nación?, quizá a no quedar prisioneros de la retórica hueca, la insensatez y la mendacidad del presente.

Michael Ignatieff. 'Guerra y consuelo' en *En busca de consuelo. Vivir con esperanza en tiempos oscuros*, 2023:157-169.

Abraham Lincoln (1809-1865). Político y abogado estadounidense que ejerció como decimosexto presidente de los EE.UU de América desde el 4 de marzo de 1861 hasta su asesinato en 1865. Lideró a los EE.UU durante la guerra de Sucesión, el conflicto más sangriento y quizás la mayor crisis moral, constitucional y política que ha sufrido la nación estadounidense. Al mismo tiempo, preservó la Unión, abolió la esclavitud, fortaleció el gobierno federal y modernizó la economía. Abraham Lincoln emitió la: *Proclamación de Emancipación* el 1 de enero de 1863 que cambió el estatus legal federal de más de 3.5 millones de afroamericanos esclavizados cuando la nación se acercaba a su tercer año de guerra civil.